Kay Walter

111 Orte in Antwerpen, die man gesehen haben muss

111

emons:

Bibliografische Information der Deutschen Nationalbibliothek
Die Deutsche Nationalbibliothek verzeichnet diese Publikation in der Deutschen Nationalbibliografie; detaillierte bibliografische Daten sind im Internet über http://dnb.d-nb.de abrufbar.

MIX
Papier | Fördert gute Waldnutzung
FSC® C083411

Covergestaltung: Karolin Meinert
Lektorat: Julia Lorenzer
Gestaltung: Eva Kraskes, nach einem Konzept von Lübbeke | Naumann | Thoben
Kartografie: altancicek.design, www.altancicek.de
Kartenbasisinformationen aus Openstreetmap,
© OpenStreetMap-Mitwirkende, ODbL
Druck und Bindung: CPI – Clausen & Bosse, Leck
Printed in Germany 2024
ISBN 978-3-7408-2119-7

Vorwort

In Antwerpen mischen sich Stile und Kulturepochen in seltenem Ausmaß. Sie treten miteinander in Diskurs, verbinden sich, schaffen über den Kontrast neue Ebenen. Gegensätzliches existiert nicht parallel, sondern aufeinander bezogen. Die Gleichzeitigkeit des Ungleichzeitigen – jedes Kapitel über Antwerpen könnte mit Fug und Recht so beginnen.

Der Hafen prägt Antwerpen – und doch ist das Meer 88 Kilometer entfernt. Der Hafen steht für Prosperität und Auswanderung, für Verlust und Entwicklung gleichzeitig – und ebenso für das Hereinholen des und der Fremden. Diamanten und Kaffee brachten Reichtum in die flämische Stadt. Mit ihnen kamen orthodoxe Juden aus Osteuropa, Zuwanderer aus Indien, China und Afrika.

Während anderswo Einheimische touristische Hotspots meiden, finden sich in Antwerpen genau dort versteckte Geheimtipps, Bars und Plätze, die die Seele der Stadt an der Schelde ausmachen. »Verbindende Gegensätze« nennt der Architekt Aat Vos das Konzept, das die Stadt am treffendsten beschreibt, und so implantierte er die Permeke-Bibliothek in eine ehemalige Autowerkstatt. In Antwerpen wird Käse mit Bier veredelt, und die Verwaltung einer Spedition ist Kunstgalerie. Das Miteinander von unvereinbar Scheinendem ist allgegenwärtig und also auch roter Faden der 111 Orte in Antwerpen.

Die berühmtesten Antwerpener Peter Paul Rubens, Christophe Plantin und Oscar Nottebohm sind nicht hier geboren, und doch haben sie die Stadt geprägt und die Stadt sie. »111 Orte in Antwerpen, die man gesehen haben muss« spürt versteckte Plätze auf und zeigt unterbewertete Kleinode an nur scheinbar bekannten Orten, wie den Campus im alten Palast, die Büchertoilette in der Rokoko-Remise oder die ersten olympischen Ringe. Es präsentiert Mode und Schwimmbäder, die Unterwelt, eine Drehorgel und eine Fahrradkirche und schreckt selbst vor Genitalien an Hauswänden nicht zurück.

111 Orte

1 Der Antiquitätenhändler

Vintage in der Klosterstraße

Zahlreiche belgische Städte streiten darüber, welche Kommune den schönsten, größten oder ältesten Antik- und Flohmarkt des Landes beherbergt. Sicher ist: Trödeln, da sind sich Flamen und Wallonen ausnahmsweise einig, ist eine echte belgische Leidenschaft. Gehandelt werden Bücher und Schallplatten, Bilder, Möbel, Deko-Objekte, Kleidung und sonstige Schätzchen aller Art. Kein Ort, in dem sich nicht mehrere Antiquitätengeschäfte mit hochwertigem und geschmacklich sehr besonderem Angebot finden, häufig in direkter Nachbarschaft.

Wer in Antwerpen nach Herzenslust stöbern will, der streift sonntags durch die Kloosterstraat zwischen Munt- und Kronenburgstraat. Ein gutes Dutzend Antiquariate präsentieren ihr Angebot, im angenehm-netten Wechsel mit Boutiquen, Cafés und Schmuckládchen. Wer es ruhiger mag, kommt besser unter der Woche.

Das Blue Fonz liegt im ersten Knick des oberen Teils der Straße, in einem Haus aus dem Jahr 1633 zwischen dem Plattenladen Chelsea Vinyl und dem WoonTheater für belgische Landhaus- und Retromöbel. Der Spitzname des Besitzers Jan-Alfons van Broekhoven bürgt seit über einem Vierteljahrhundert für ausgesuchte Qualität zu erschwinglichen Preisen. Wer in diesem Business so lange durchhält, der darf kein Scharlatan sein. Das besondere Augenmerk im Fonz liegt auf englischen und amerikanischen Möbeln in drei- bis viermal jährlich wechselnder Kollektion: Schreibtische, Sofas und Lehnstühle, viel Chesterfield, Bibliotheken, aber auch Edelholz-Vitrinen und ganze Ladeneinrichtungen. Und von der Decke kann neben emaillierten Straßenlaternen schon mal das Skelett eines Faltbootes hängen, an der Wand eine Installation aus zwölf leuchtend roten amerikanischen Feuerwehrhelmen.

Zum Service des Hauses gehört ein weltweiter Lieferdienst, und man kann van Broekhoven beauftragen, bei seinen Einkaufstouren die Augen auf der Suche nach einem speziellen Stück offen zu halten.

Adresse Kloosterstraat 12, 2000 Antwerpen, Tel. +32/(0)3/2897070, www.bluefonz.be | ÖPNV Tram 4, Bus 22, 180–183, Station Sint-Andries | Öffnungszeiten Mi–Fr 11–18 Uhr, Sa ab 12 Uhr, So ab 13 Uhr, Di nach Absprache | Tipp Die aufsehenerregende geschnitzte Schaufenstergestaltung des Hauses Nummer 81, genannt die »Girlande«, bleibt hoffentlich erhalten, wenn sich ein neuer Besitzer für das Antiquariat gefunden hat. Secondhand-Musikinstrumente kauft man bei »Boogie Barn« (Korte Vliertstraat 17).

2 Der Aussichtsturm

Die Rolltreppen zur Weitsicht

60 Meter hoch und leuchtend rot thront der Turm auf einem Ponton, der Bonaparte- und Willemdok trennt. Je nach Perspektive macht es den Anschein, als stünde er im oder schwebe über dem Wasser der Hafenbecken. In nur einem Jahrzehnt ist der Turm zu einer Landmarke geworden, was daran liegt, dass der Bau einerseits ultramodern wirkt und dabei den Eindruck vermittelt, schon immer an diesem Platz zu stehen. Wuchtig, aber nicht abschreckend, sondern einladend. Damit ist dem Team um die Rotterdamer Architekten Jan Neutelings und Michiel Riedijk ein großer Wurf gelungen.

Zehn übereinandergestapelte Einheiten, von Stockwerk zu Stockwerk um 90 Grad gedreht, schaffen eine Art Spirale. Die Konstruktion und der verwendete dunkelrote indische Sandstein sorgen dafür, dass man aus der Distanz den Eindruck gewinnt, auf ein Speicherhaus zu schauen, wie sie seit dem Mittelalter in Hansestädten rund um die Hafenanlagen zu finden sind. Im Inneren des Turms führt das (Roll-)Treppenhaus um die Ausstellungsräume herum nach oben, in einer in jedem Stockwerk rechtwinklig abknickenden Spirale bis zur Aussichtsplattform. Dort erwartet die Besucher der beste Blick über die Stadt. Offiziell hat man dabei das MAS – Museum aan de Stroom (Museum am Fluss) – auf diesem Boulevard genannten Weg noch gar nicht betreten. Das hat zwei Vorteile: Der Gang zur besten Aussicht kostet keinen Eintritt, und er ist morgens und vor allem abends deutlich länger zugänglich als das MAS selbst. Das schließt bereits um 17 Uhr. Der Blick vom Dach ist aber gerade bei Sonnenuntergang kaum zu toppen.

Außen ist der rote Turm mit 3.185 silbernen Händen verziert, eine Reminiszenz an die Stadtgeschichte, die in den sieben Sälen präsentiert wird. 1998 beschloss der Stadtrat den Neubau, um das heruntergekommene Gebiet aufzuwerten. 2011 wurde der Turm nach nur fünf Jahren Bauzeit eingeweiht, und seitdem boomt der Stadtteil Eilandje.

Adresse Adresse Hanzestedenplaats 1, 2000 Antwerpen, Tel. +32/(0)3/3884400, www.mas.be | ÖPNV Tram 7, Station MAS; Tram 24, Station Londonbrug; Bus 17, Station Van Schoonbekeplein | Öffnungszeiten Boulevard und Aussichtsplattform Di–So 9.30–22 Uhr; Museum Di–So 10–17 Uhr | Tipp So originell wie die Architektur ist auch die Museumskonzeption. Sie will einen Strom von Geschichten erzählen, wie ein Hafen ein Melting Pot von Menschen und ihren Geschichten sein, über Integration fremder Kulturen berichten wie über Flucht und Vertreibung.

3 Die Auswanderer

Fast vergessene Geschichten um die Red Star Line

Gedrungene rote Backsteinhallen und ein futuristischer ovaler Turm, so präsentiert sich das Red Star Line Museum auf den Eilandje-Doks. Für über zwei Millionen Menschen waren die Hallen 60 Jahre lang der Ort, an dem sich ihr weiteres Leben entschied: Durften sie sich auf die Suche nach dem Glück begeben, unerträglicher Armut entfliehen oder vor religiöser Verfolgung in die Neue Welt emigrieren? Die Reede der belgisch-amerikanischen Schifffahrtsgesellschaft lag bis zu deren Auflösung 1939 nur 200 Meter nördlich am Schelde-Ufer. Und in den Hallen in der Montevideostraat wurde nicht nur das Gepäck der Passagiere eingelagert und desinfiziert, sondern auch die Menschen selbst. Hier wurde entschieden, wem die Passage nach Kanada und in die USA aus gesundheitlichen Gründen untersagt wurde.

Das Museum erzählt die Geschichte dieser Menschen, nicht überblicksweise, sondern anhand dokumentierter Einzelschicksale, etwa dem von Adolf Verhalle, der Familie Hutlet oder von Ita Moel. Als Besucher folgt man der Route dieser Personen auf den Etappen ihrer Reise. Acht thematische »Boxen« zeigen ein Reisebüro in Warschau, ein Zugabteil, die Stadt Antwerpen, die Gebäude der Red Star Line, das Deck eines Ozeandampfers, das Innere eines Schiffs, die Ankunft auf Ellis Island und das neue Leben in den USA.

Neben Auswanderern mit One-Way-Ticket der dritten Klasse, deren Reise zumeist unter Deck stattfand, chauffierten die Überseedampfer auch Berühmtheiten wie Irving Berlin oder Albert Einstein. Im März 1933 erfuhren Albert und seine Frau Elsa auf dem Rückweg von einer Vortragsreise durch die USA an Bord der Belgenland, dass ihr Besitz in Berlin von den Nazis konfisziert worden war. Sie beschlossen, auf keinen Fall nach Deutschland zurückzukehren. Sechs Monate lebte das Paar in De Haan, bevor die beiden endgültig in die USA emigrierten – Elsa von Antwerpen, Albert von Southampton.

Adresse Montevideostraat 3, 2000 Antwerpen, Tel. +32/(0)3/2982770, www.redstarline.be | **ÖPNV** Tram 7, Station MAS; Tram 24, Station Londen | **Öffnungszeiten** Di–So 10–17 Uhr | **Tipp** Der Besuch der Aussichtsplattform auf dem Turm mit toller Sicht auf den Hafen, das MAS und die Schelde ist kostenlos. Empfehlenswert sind auch die geführten zweistündigen Spaziergänge durch das Hafenviertel.

4 Die Bäckerei

Die Geschichte der Familie Kleinblatt

Die Geschichte nimmt ihren Anfang in Krakau, im Süden Polens. Dort eröffneten Joseph Kleinblatt und seine Frau Golda, geborene Rosenfeld, 1903 eine Bäckerei. Das Paar hatte drei Söhne und drei Töchter, darunter Ryfka, die einen entfernten Verwandten namens Hirsch Kleinblatt heiraten wird. In den frühen 1920er Jahren verließen drei der Kleinblatt-Kinder mitsamt ihren Familien Polen in Richtung Westen, um in Antwerpen Karriere zu machen.

Die Brüder Abraham und Moishè versuchten sich im Diamantengeschäft, bis der Schwarze Freitag, der Börsencrash von 1929, sie ruinierte. Hirsch und Ryfka Kleinblatt gründeten dagegen in der Wipstraat 11 ihre erste eigene Bäckerei. Und die war von Beginn an ein Kracher, nicht allein bezüglich der Qualität ihrer Backwaren, sondern auch ökonomisch. Es gab Bagels und Rugelach, Matze und Blaubeerküchlein, dazu Schokolade, Pralinen und Torten zu Purim und Pessach, alles handgemacht und koscher. Und es gab zufriedene Kunden. Abraham und Moishè stießen zum Familienbetrieb, das Geschäft expandierte. Seit 1931 backt die Familie nun in der Provinciestraat 206.

1942 schlossen die Nazis die jüdische Bäckerei, die Familie war gezwungen, in unterschiedliche Staaten und in alle Himmelsrichtungen zu fliehen. Nicht alle überlebten das Grauen der Shoah. Doch mit der Befreiung Antwerpens im September 1944 nahm Kleinblatt's den Betrieb erneut auf. Wieder ist es Ryfka, nunmehr mit ihrem zweiten Ehemann, die die Erfolgsgeschichte der Bäckerei fortschreibt.

Mehr als 80 Jahre später wird das Geschäft – noch immer am selben Ort – in der dritten Generation von Nachkommen der Gründerfamilien betrieben. Und weiterhin gibt es traditionelle Backwaren, ob Vollkorn, süß oder salzlos, ob Kekse oder Pralinen aus milchfreier Schokolade sowie Torten und Eis. Und die hauseigene koschere Pasta wird unterdessen sogar nach London und New York exportiert.

Adresse Provinciestraat 206, 2018 Antwerpen, Tel. +32/(0)3/2337513, www.kleinblatt.be | ÖPNV Tram 2, 6, 9, 15, Station Plantin; Bus 21, Station Nestlei | Öffnungszeiten Mo–Do 7–18.30 Uhr, Fr 7–15 Uhr | Tipp Hinter dem Hauptbahnhof beginnt das jüdische Viertel mit eigenen Schulen, Krankenhäusern und Altenheimen. Hier trägt Mann Hut und Streimel und Frau Perücke. Und man isst koscher, etwa bei »Beni Falafel« (Lange Leemstraat 188).

5 Die Bar-Paniek

Eine sehr relaxte Hafenkneipe

Eine Bar muss immer auch ein Geheimnis haben, könnte dieses Kapitel mit leicht abgewandeltem Walter-Moers-Zitat beginnen. Bei der Bar-Paniek ist es der Name. Woher der kommt? Was er besagen soll? Zur Panik, so viel ist sicher, besteht für Gäste keinerlei Anlass. Paniek ist alles Mögliche, vor allem Strandbar, Hafenkneipe und Kunstort in einem.

Wahrscheinlich war die Namensfindung Teil der Guerillakunstidee des Betreiberkollektivs namens TimeCircus, entstanden 1998 bei einer ausgedehnten Rundreise durch Europa. Seitdem ist TimeCircus ein Kollektiv, das Mut und Spaß machen soll, den Betreibern und möglichst allen anderen auch. Laut eigenem Bekunden bauen die Künstler »alles und überall, zu Wasser, zu Land, in der Luft, unterirdisch, in Gebäuden, an Gebäuden, mobilen und festen Installationen […] von Saunen über Trinkbrunnen bis zu Bühnen, Märkten und Cafés«. Vielleicht sollte man die theoretischen Äußerungen des Kunstkollektivs nicht immer mit übertriebenem Ernst betrachten, aber zum Stil oder zur Philosophie der Gruppe gehören die folgenden Zeilen: »Immer alles für Menschen von Menschen. Jedes Kunstwerk lebt nur von der Gnade eines Zuschauers, eines Publikums. TimeCircus baut nur zum Nutzen seines Publikums. Immer mit recycelten Materialien.«

Exakt das spiegelt die Bar Paniek auf dem Kattendijkdok. Eine alte Lagerhalle direkt am Wasser wurde mit Pflanzen in einen regelrechten Dschungel verwandelt, zu anderen Zeiten hätte man gesagt »instandbesetzt«. Das Mobiliar ist upcycled secondhand, die nette Bierauswahl stammt von unabhängigen Klein(st)brauereien, und wechselnde Foodtrucks versorgen die Gäste mit gutem Essen. Man relaxed in Strandkörben oder Hängematten auf dem Kopfsteinpflaster des Kais oder bespielt die hauseigene Bouleplatte oder das Basketballfeld. Dazu gibt es Ausstellungen, Happenings, Konzerte, mal geplant, mal spontan.

Adresse Kattendijkdok, Oostkaai 21B, 2000 Antwerpen | **ÖPNV** Tram 2, Station Cadix; Bus 600, 601, 602, 610, 620, Station ZNA Cadix | **Öffnungszeiten** April–Okt. täglich 11–23 Uhr | **Tipp** Die Qualität des Konzepts mag man daran erkennen, dass es unterdessen mehrere »Kopien« gibt. So das hippe »Sommar« (Rijnkaai 104) oder das eher rock'n'rollige »Fiskeskur« (Kattendijkdok 20) im ehemaligen Zollhaus.

6 Der Barocktempel

Das Fanal der Jesuiten

Während der Gegenreformation im Achtzigjährigen Krieg zwischen den Sieben Vereinigten Provinzen (den heutigen Niederlanden) und der spanisch-habsburgischen Krone in den südlichen Niederlanden, dem heutigen Belgien, herrschte für zwölf Jahre, von 1609 bis 1621, Waffenstillstand. Diese Zeit nutzten die Jesuiten in Antwerpen bewusst, um ein nicht zu übersehendes Zeichen ihrer Macht und Bedeutung zu setzen. Und was für eines!

Im Jahr 1614 begann der Bau von Kolleg und Kirche im Zentrum der Stadt. 1621 wurde die Kirche geweiht, der heiligen Jungfrau und – erstmals – dem Gründer der Jesuiten, Ignatius von Loyola. Die überbordende barocke Opulenz der Fassade brachte dem Jesuitenpalast schon bei Zeitgenossen den Spitznamen »Marmortempel« ein. Unfassbare Summen wurden ausgegeben, aber die Gläubigen strömten, um die Pracht des Tempels zu bewundern, darunter die 39 Deckenbilder von Peter Paul Rubens und seinem Meisterschüler Anton van Dyck.

1718 vernichtete ein Feuer nach einem Blitzschlag zahlreiche Kunstwerke, unter anderem die Deckengemälde. Mit dem Verbot des Jesuitenordens 1773 wurde die Kirche geschlossen und viele Kunstwerke verkauft oder nach Wien verbracht. Nach sechs Jahren wurde das Gotteshaus, nun als Sint-Carolus Borromeus-Kerk, wieder geöffnet. Die verbliebene Pracht ist atemberaubend. Die geschnitzte Kanzel wird von einer Frauenfigur getragen, als Symbol der über die Ketzerei triumphierenden Kirche, die Beichtstühle sind von Engeln umrahmt, lebensgroßen Statuen. Die Dekoration der Liebfrauenkapelle im Seitenschiff dürfte von Rubens sein, und nach 240 Jahren Abwesenheit konnte 2017 sein Gemälde »Die Rückkehr der Heiligen Familie aus Ägypten« an den ursprünglichen Platz über dem St.-Josef-Altar gehängt werden.

Obwohl im Auge des touristischen Geschehens, ist der Hendrik Conscienceplein selten überlaufen. Man hat alle Muße, die Fassade auf sich wirken zu lassen.

Adresse Hendrik Conscienceplein, 2000 Antwerpen, Tel. +32/(0)477/623794, www.mkantwerpen.be/kerken/sint-carolus-borromeuskerk | ÖPNV Tram 7, Station Keizerstraat; Tram 22, Station Sint-Katelijne | Öffnungszeiten Mo–Sa 10–12.30 und 14–17 Uhr, So 11.30–12.30 und 17–18 Uhr | Tipp Die Seitenwand der Kulturerbe-Bibliothek Hendrik Conscience (Korte Nieuwstraat) zeigt seit 2008 ein Schwarz-Weiß-Comic des holländischen Zeichners Dick Matena. Die Wand ist Teil der Stripmurenroute, die große Wandbilder verschiedener Künstler präsentiert.

7 Der Bauernturm

Europas erster Wolkenkratzer

Weithin sichtbar ragt der Bauernturm aus der Silhouette Antwerpens heraus. Die Kredietbank, der Vorgänger des späteren Eigners KBC, erteilte 1928 dem belgischen Architekten Jan Robert Vanhoenacker (1875–1958) den Auftrag, einen Skyscraper nach US-amerikanischem Vorbild zu entwickeln. Vier Jahre später stand der Art-déco-Bau, für dessen Skelett 3.500 Tonnen Stahl verwendet worden waren. Auffällig ist die extrem grafische, fast schon funktionalistisch anmutende Linienführung des 26 Stockwerke hohen Turmes, der weit über den wie ein riesiges Tortenstück geformten Basisbau vorspringt. Nur die Statuen über den Eingängen verzieren die ansonsten wenig dekorative Fassade.

Hartnäckig hält sich die Behauptung, Boerentoren sei der erste Wolkenkratzer Europas und anlässlich der Weltausstellung 1930 in Antwerpen errichtet worden. Beides stimmt nicht so ganz. Zum einen sah der Turm auch nach Abschluss der Weltausstellung noch zwei Jahre Bauzeit vor sich, und zum zweiten standen das Royal Liver Building (Liverpool) und das Edificio Telefónica in Madrid schon einige Zeit, als mit den Planungen für den Antwerpener Turm gerade erst begonnen wurde. Gleichwohl zählt Boerentoren mit seinen 98 Metern Dachhöhe zu den höchsten in der ersten Hälfte des 20. Jahrhunderts in Europa errichteten Bauten. In Antwerpen überragt ihn nur die Kirchturmspitze der Liebfrauenkathedrale. Das war eine der Vorgaben bei der Erteilung der Baugenehmigung. Seinen Spitznamen »Bauernturm« erhielt der Turm kurz nach seiner Fertigstellung, weil die Hauptanteilseigner der Kredietbank Bauerngenossenschaften waren.

2020 hat KBC das Gebäude an das Logistikunternehmen Katoen Natie und dessen CEO Fernand Huts verkauft. Nach umfangreichen Asbestsanierungen sollen ein Kulturzentrum und Wohnungen entstehen. Auch eine Bar und ein Restaurant mit Panoramaterrasse sollen dann in den drei oberen Stockwerken ihre Wiedereröffnung feiern.

Adresse Schoenmarkt 35, 2000 Antwerpen | ÖPNV Tram 4, 7, Station Meirbrug; Tram 3, 5, 9, 15, Station Meir | Öffnungszeiten zur Drucklegung wegen der Sanierungsarbeiten noch nicht bekannt | Tipp Reines Art déco zeigen auch das Haus Tilquin (Meir 99), 1933 von Josef Selis entworfen, sowie die ehemalige Obstmesse LVP / Léon Van Parys (Zeevaartstraat 3) von Josef Somers.

8 Der Bauklotz

Die Alessi-Fassade des Michael Graves

Hinter dem Haupteingang des Zentralbahnhofs öffnet sich der Koningin Astridplein, der ein krudes Durcheinander der verschiedensten Baustile und auch -sünden zeigt. Neben den wunderbaren Jugendstil-Fassaden der Königlichen Zoologischen Gesellschaft von Antwerpen – hinter denen heute das Symphonieorchester residiert und mit dem Königin-Elisabeth-Saal einen der renommiertesten Konzertsäle der Welt bespielt – finden sich solche, die nicht einmal mehr einem Stil zuzuordnen sind. Und dann ist da an der Stirnseite des Platzes das Radisson Blu Astrid.

Wen beim Anblick des gewaltigen Hotelbaus unwillkürlich die Assoziation »Alessi« durchzuckt, der liegt damit komplett richtig. Für den Entwurf des Hauses zeichnet Michael Graves (1934–2015) verantwortlich. Der amerikanische Architekt wirkte 40 Jahre als Professor an der Universität Princeton und galt als *das* Wunderkind der Postmoderne. Beginnend mit dem Portland Building und dem Humana-Hochhaus in Louisville setzte er in rund 350 Gebäuden weltweit seine Konzeption von Gestaltung um. Und ja, auch der berühmte Wasserkessel 9093 von Alessi, der sich in den frühen 1990er Jahren in jedem dritten Haushalt fand, stammt mit einigen anderen ikonografischen Stücken der italienischen Marke aus der Feder von Michael Graves. Die Formensprache ist identisch. Geometrische Grundformen, möglichst bunt und so zusammengesetzt, als hätte sich ein Riesenbaby mit Bauklötzen vergnügt. Man würde sich auch nicht wundern, erblickte man an einem der Türme des Hotels die blaue Drehschraube der Pfeffermühle. Innen wurde das Hotel 2018 einem kompletten Relaunch unterzogen, aber von außen betrachtet bleibt es Postmoderne pur.

Seine wichtigsten und besten Arbeiten lieferte Graves, nachdem ihn eine Krankheit 2003 in den Rollstuhl gezwungen hatte. Daraufhin designte er Krankenhausmöbel und Rollstühle, die Patienten und Pflegepersonal das Leben erleichtern.

Adresse Koningin Astridplein 7B, 2018 Antwerpen, Tel. +32/(0)3/2031234 | ÖPNV Tram 2, 3, 5, 6, 8, 10, 12, Station Astrid; Bus 23, Station Perron 6 | Tipp Der Antwerpener Zoo ist der älteste des Landes und besticht durch die Schönheit seiner Gebäude. Am besten kommt man über den Flamingoplein. Der zauberhafte kleine Park mit Sommerbar und bestem Blick auf den Elisabeth-Saal liegt noch vor den Kassenhäuschen.

9 Der Beginenhof

Rote Oase an der Rodestraat

Unter dem Namen Curtis Syon wurde 1240 erstmals ein Antwerpener Beginenhof urkundlich erwähnt. Er lag ein Stück südlich, außerhalb der damaligen Stadtbefestigung, ungefähr bei der heutigen Straße Begijnenvest. Beginen wurden im Mittelalter fromme Frauen genannt, die sich zu Laienschwesternschaften zusammenschlossen, um ein asketisches, selbstbestimmtes Leben zu führen. Eine Begine legte dabei anders als eine Nonne kein dauerhaft bindendes Gelübde ab, sondern konnte die Gemeinschaft wieder verlassen, aus welchem Grund auch immer. Der Magistrat von Antwerpen ließ diesen Hof Zion 1522 abbrennen, aus Angst vor einer Belagerung durch den gelderländischen Heerführer Maarten van Rossum.

Ab 1545 entstand der Sint-Catharina Begijnhof an der heutigen Stelle zwischen Rodestraat, Ossen- und Paardenmarkt. Zunächst die Kirche, dann der ummauerte große Hof mit Krankenstation und Wohngebäuden für die frommen Frauen. Für vier Jahre vertrieben Calvinisten die Beginen und nutzten Hof und Kirche als Militärdepot. Die katholischen Frauen kehrten jedoch zurück und wurden zahlreicher. 1620 wurde zunächst die Kirche vergrößert, 1640 der ummauerte Bereich um zehn Häuser an 't Straetken erweitert. Rund um den rechteckigen Hof und die Erweiterungsbauten lebten schließlich 280 Frauen in 80 Häusern. Ab 1807 nutzten französische Soldaten das Gelände wiederum als Kaserne. Als die Franzosen gingen, ließ die Stadt einige Gebäude und die Krankenstation abreißen. Und als die Beginen schließlich 1822 zurückkehrten, war ihr Besitz auf rund 40 Häuser halbiert.

Auch die verschiedenen umfangreichen Renovierungsprojekte haben dem Ensemble nicht alle gutgetan: Denkmalwürdige Substanz wurde zerstört, anderes wurde ordentlich verkitscht. Trotzdem haben der begrünte Innenhof und die Gebäudezeile an 't Straetken ihr Flair erhalten und vermitteln den Eindruck einer geschützten Welt aus vergangener Zeit.

Adresse Rodestraat 39, 2000 Antwerpen | ÖPNV Tram 1, 24, Station Roosevelt Perron Italië; Bus 17, Station Rodestraat | Öffnungszeiten täglich 8–18 Uhr | Tipp Heute vergibt die Diözese Antwerpen, der der Begijnhof weiterhin gehört, die renovierten Häuser meist an ältere Priester und alleinstehende Frauen. Die letzte Begine, Virginie Laeremans, starb 1986.

10 Der Bengel

Kleine Statue in eindeutiger Pose

Das Denkmal ist so etwas wie der Cousin oder auch der kleine Bruder des Manneken Pis in Brüssel. Wobei »klein« wörtlich zu nehmen ist, denn »Den Deugniet« erreicht bei Weitem nicht die sagenhaften 55,5 Zentimeter seines Brüsseler Verwandten im Geiste. Man ist schnell vorbeigelaufen am Straßenbengel in eindeutiger Pose. Die Bronze auf der Korte Gasthuisstraat präsentiert allen Passanten, mithin den Antwerpener Bürgern, deren traditioneller Spitzname ob ihres hochtrabenden Auftritts und der Verbundenheit mit Spanien während der Religionskriege *sinjoren* lautet, demonstrativ den nackten Hintern. »Ihr könnt mich alle …«, das wäre wohl die höflichste Umschreibung für die Geste des kleinen Flegels.

1979 wurde die im städtischen Auftrag entworfene Statuette erstmals aufgestellt. Sie ist zweifelsohne das bekannteste Œuvre des belgischen Bildhauers Luc Verlee, der ansonsten eher für abstrakte Skulpturen und Medaillons bekannt ist. Das beliebteste offenbar auch. Die Figur ist so begehrt, dass sie alle paar Jahre für Tage oder Wochen verschwindet. Inzwischen ist sie rund ein Dutzend Mal von »Liebhabern« entführt oder besser gestohlen worden, konnte aber meist wiedergefunden werden, wenn auch mit Beschädigungen. Dass das Polizeihauptquartier kaum 100 Meter entfernt liegt, könnte dabei hilfreich gewesen sein.

2012 half alles Suchen nichts, der Bengel war endgültig weg und musste ersetzt werden. Zum Glück war zu diesem Zeitpunkt aus dem Antwerpener Schnurrbartclub bereits der Verein Den Deugniet hervorgegangen. Der kümmert sich darum, den Antwerpener Straßenjungen – ähnlich wie seinen Brüsseler Kumpel – bisweilen mit maßgefertigten Anzügen oder Uniformen zu versehen. 2012 nahm er sich erfolgreich der Aufgabe an, Sponsoren für die Anschaffung einer Kopie zu gewinnen. Es gelang, und der kleine Taugenichts steht seitdem wieder da, wo er hingehört, und präsentiert seinen nackten Hintern.

Adresse Korte Gasthuisstraat 43, 2000 Antwerpen | ÖPNV Tram 4, 7, Station Oudaan | Tipp Das Denkmal vor der Liebfrauenkirche rührt und verwirrt viele Besucher. Nello und Patrasche sind die Hauptfiguren im englischen Roman »A Dog of Flanders«, der in Hoboken und der Kathedrale spielt und vor allem in Japan als Manga berühmt ist.

11 Die Bibliothek

Kulturstätte im alten Autohaus

Das Bahnhofsviertel galt in den 1990er Jahren als sozialer Brennpunkt. Als Leuchtturmprojekt zu dessen Aufwertung wurde der Bau der Bibliothek Permeke auserkoren. Sie sollte als größte öffentliche Bücherei Belgiens in den Hallen einer ehemaligen Autowerkstatt am Königsplatz entstehen. 2001 wurden baufällige Gebäudeteile am De Coninckplein abgerissen, um Platz zu schaffen für einen vierstöckigen Glaskubus, mit Raum für ein Café und eine Jugendbibliothek.

Diese »Box« ist Gesicht und Wahrzeichen des Projekts, sehr offen und transparent. Zwei neu entstandene Innenhöfe bringen Licht und Grün in den zuvor geschlossenen Baukörper. Die 15.000 Quadratmeter des zweigeschossigen Garagenschuppens wurden komplett entkernt. Nur die verglasten Sägezähne des emblematischen Sheddachs wurden samt originaler Tragekonstruktion erhalten. Ein roter Kubus mit Auditorium teilt innen das Erdgeschoss, das als freie Fläche vor allem für die Bedürfnisse von Kindern konzipiert ist. Das Obergeschoss ist Lese- und Arbeitsstätte. Entscheidend ist: Das Ensemble funktioniert als Kultur- und Begegnungsstätte des Viertels.

Am 22. April 2005, am letzten Tag, an dem Antwerpen den Titel »Welthauptstadt des Buches« trug, feierte die Permeke-Bibliothek Eröffnung. Beide Ebenen unterscheiden sich auffallend. »Dem Konzept nach verkörpern sie verbindende Gegensätze: die Nutzer unterschiedlicher Nationalität, aber auch jeden Einzelnen mit seinem persönlichen Geschmack«, sagt Architekt Aat Vos, der in ganz Europa öffentliche Gebäude konzipiert hat. Im Gegensatz zu vielen Kollegen meint Vos, Gemütlichkeit sei kein Schimpfwort, eher im Gegenteil.

Die Bibliothek hat sieben Tage die Woche geöffnet und prägt das Viertel optisch wie kulturell. Der Name bezieht sich nicht auf den bekannten belgischen Expressionisten Constant Permeke, sondern auf dessen Cousin Oscar, den Besitzer der früheren Autowerkstatt.

Adresse De Coninckplein 26, 2060 Antwerpen, Tel. +32/(0)3/2211333, www.permeke.org | ÖPNV Tram 12, Station De Coninck | Öffnungszeiten Mo – Fr 10 – 19 Uhr, Sa, So 10 – 16 Uhr (außer im Sommer) | Tipp Nördlich des Bahnhofs geht Chinatown nahtlos in andere »Migrantenviertel« über; das prägt Geschäfte und Restaurants. Ein Geheimtipp ist der »Fagiani Guitar Repair Shop« (Osystraat 49).

12 Der Börsensaal

Das Atrium überwältigt

Im 14. Jahrhundert war Brügge Zentrum des Welthandels. Unter Kaufleuten aus aller Welt, den Medici wie den Oosterlingen der Hanse, bildete sich hier die Sitte, vor der Gaststätte der Familie ter Beurze Waren und Wechsel zu handeln. Der Platz war zentral, blieb unter seinem Vordach trocken und wurde vom Magistrat geschützt. Man ging zur Beurze. Als der Meerhafen versandete, verlor Brügge radikal seine Bedeutung. Der burgundische Hof und die großen Handelshäuser zogen um, ins 90 Kilometer entfernte Antwerpen. Fortan wurde an der Schelde ein gewichtiger Teil des Welthandels bestimmt. Der Begriff aber blieb. Und ebenso das ökonomische Prinzip, mehrmals am Tag an einem bestimmten Ort und zu festgesetzten Zeiten die Wechselkurse verschiedener Währungen verbindlich festzulegen.

Schnell wurde Antwerpens Oude Beurs zu klein. 1531 feierte der Prachtbau Nieuwe Beurs nach Entwürfen des Architekten Domien de Waghemakere Eröffnung, als erstes Gebäude, das eigens für den Zweck gebaut wurde, der bis heute in vielen Sprachen »Börse« heißt. Damals wurde noch nicht unterschieden zwischen dem Handel mit Waren, Terminen und Wertpapieren/Aktien. Aber offenbar wurde bereits sehr viel Geld verdient.

Vier enge Gassen – Borzestraat, Korte Klarenstraat, Israëlietenstraat und Twaalfmaandenstraat – bilden den Zugang zum mächtigen Komplex. Beide Haupteingänge waren von Türmen gekrönt. Der an der Borzestraat ist als letztes Überbleibsel des Gebäudes aus dem 16. Jahrhundert erhalten. Denn die Börse brannte 1583 und 1858 jeweils fast komplett ab. Nach dem letzten Brand wurde sie von Josef Schadde rekonstruiert. Die riesige Halle aus weißem Naturstein unter einer frei tragenden Kuppel aus Eisen und Glas ist von unfassbarer Pracht. Bis 1997 wurden hier Aktiengeschäfte getätigt. Seit 2019 ist das einzigartige Schmuckstück wieder öffentlich zugänglich, Messen oder Konzerte finden hier statt.

Adresse Borzestraat 31, 2000 Antwerpen, www.handelsbeursantwerpen.be | ÖPNV Tram 4, 7, Station Meirbrug; Tram 3, 5, 9, 15, Station Meir | Öffnungszeiten Sa, So 10–17 Uhr | Tipp Der Saal gehört baulich und ökonomisch zum Verbund des Luxushotels Sapphire House mit dem Restaurant »Fiera« (italienisch für Messe). Letzteres ist auch wegen seines Speiseraums in der alten Schifferbörse zu empfehlen.

13 Das Bootje

Das extravagante Haus der fünf Kontinente

Frans Smet-Verhas (1851–1925), geboren in Temse an der Schelde, knapp 20 Kilometer südlich von Antwerpen in Richtung Dendermonde gelegen, entwarf zunächst Gebäude im reichlich eklektischen Stil der Pseudo-Renaissance, um sich dann zu einem wichtigen Architekten und Designer der Art nouveau zu entwickeln. Mindestens sieben seiner Jugendstil-Bauten zieren Antwerpen bis heute.

Das bei Weitem unkonventionellste ist das Huis de Vijf Werelddelen. Da in Privatbesitz, kann man das Ensemble aus vier miteinander verbundenen Häusern – die unglaubliche Bausünde im Haus 4 gehörte ursprünglich dazu – leider nicht von innen besichtigen, aber auch von außen ist mehr als spektakulär, was Bauherr und Reeder Pieter Roeis 1901 als »Haus der fünf Kontinente« der staunenden Öffentlichkeit enthüllte.

An der Ecke Schildersstraat/Plaatsnijdersstraat ragt im zweiten Stock ein Schiffsbug als Basis eines Erkerturms aus der Fassade, was dem Haus seinen Spitznamen »Het Bootje« einbrachte. Der offizielle Name bezieht sich auf die Fenster des Erkerturms über dem Bootsbug. Sie trugen die Namen der fünf Kontinente. Die kleine Terrasse darüber wird durch einen schmiedeeisernen Balkon in Form eines Blitzes geschützt, der einen Sturm auf See darstellt.

Das Gebäude ist auch sonst ein echter Hingucker: die geschwungenen türkisen (Rund-)Fenster und Türen, das kunstvolle Mauerwerk, typisch für den Jugendstil in Kontrastfarben ausgeführt, die filigran geschmiedete Laterne unter dem Bug oder die glasüberdachte Loggia, die im ersten Stock das Eckhaus und die Platsnijdersstraat 1 verbindet. Aber zur Stilikone erhebt den Bau gegenüber dem Königlichen Museum der Schönen Künste (KMSKA) der strahlend weiße Bootsrumpf, auf beiden Seiten versehen mit dem Signet des offensichtlich nicht nur kunstsinnigen, sondern auch wohlhabenden Bauherrn. »PR« leuchten die goldenen Initialen auf karmesinrotem Grund – für Pieter Roeis.

Adresse Schildersstraat 2, 2000 Antwerpen | ÖPNV Tram 1, 10, Bus 13, 14, Station Bres | Öffnungszeiten von außen immer zugänglich | Tipp PR im heutigen Sinn von Werbung hat das zum Ensemble gehörige Haus Schildersstraat 6 für Frans Smet-Verhas gemacht: In der Ouderkerkstraat 40 wie in der Lange Van Ruusbroeckstraat 135 finden sich die identischen Fassaden erneut.

14 Der Braem-Pavillon

Die Kunsthalle ist selbst Kunst

Lode Craeybeckx hat Antwerpen in seiner 30-jährigen Amtszeit als Bürgermeister geprägt, unter anderem mit der Gründung des Middelheim-Museums. Das Freiluftmuseum war wohl die beste Idee des sozialistischen Anwalts. Eine der 400 Skulpturen zeigt denn auch den skandalumwitterten Craeybeckx selbst. Die Liste der präsentierten Künstler reicht von Ai Weiwei über Ossip Zadkine, Ernst Barlach und Henry Moore bis Panamarenko. Viele Städte beneiden Antwerpen um diese Attraktion im frei zugänglichen 27-Hektar-Park.

Besonders empfindliche Stücke – etwa Statuen von Alberto Giacometti oder Hans Arp – waren lange im Braem-Pavillon untergebracht. Der wiederum ist ein eigenständiges Kunstwerk. Der gebürtige Antwerpener Renaat Braem (1910–2001), Schüler von Le Corbusier, gehört zu den einflussreichsten Architekten des 20. Jahrhunderts. Sein Pavillon im Süden des Parks ist mehr als nur Zugabe zu den Skulpturen. Er war Braem eine Herzensangelegenheit und gehört nach dessen eigenen Worten »zu den am besten gelungenen Dingen meines gesamten Œuvres«.

Der Pavillon hat eine längere Baugeschichte. 1963 erging der Auftrag. Er sollte ein eigenständiges Monument werden, aber auch bescheiden, einladend und zugleich organisch mit seiner Umgebung verschmelzen. Eingeweiht 1971 zur 11. Antwerp-Biennale, gilt er heute als Schmuckstück und Denkmal der Architekturhistorie. Die gewölbten Dachflächen fangen Licht ein, leiten es gleichmäßig ins gesamte Haus und sorgen so für eine ideale Beleuchtung, befinden Architekturkritiker. Die geschwungene Außenwand sei zwangsläufig entstanden, so Braem, um den beiden mächtigen Kiefern »höflich aus dem Weg zu gehen«.

Braems Gebäude ist zweifelsohne der Höhepunkt des Middelheim-Parks. Aber nur ihn zu bestaunen, hieße auch, reichlich Kunst zu verpassen. Der Parkeingang an der Groenenborglaan direkt am Pavillon ist durch Erweiterungsbauten der Uni dauerhaft geschlossen.

Adresse Middelheimlaan 1, 2020 Antwerpen, www.middelheimmuseum.be | ÖPNV Bus 21, 33, Station Beukenlaan | Öffnungszeiten Okt.–März Di–So 10–17 Uhr, April, Sept. 10–19 Uhr, Mai–Aug. 10–20 Uhr | Tipp Renaat Braems Privathaus (Menegemlei 23) ist neben dem für Victor Horta in Brüssel das einzige einem Architekten gewidmete Museum in Belgien. Die Braemblokken an der Emiel Vloorsstraat im Stadtteil Kiel sind deutlich von Le Corbusiers Cité-Radieuse in Marseille beeinflusst.

15 Der Buchenbergpark

Das ganze Jahr ökologisch schwimmen

Nahe dem nicht sonderlich betriebsamen Flughafen von Antwerpen liegt im Süden des Stadtteils Deurne der Boekenbergpark. Er ist kein natürlicher Restwald, sondern wurde um 1800 für das Jagd- und Lustschloss Kasteel Boekenberg im Auftrag des Bankiers Jan Willem Smets im Stil des Rokoko angelegt. Der ließ einen Höhlenkomplex samt Serpentinenteich, unterirdischem Bootshaus und Eiskeller aus Silex bauen. Die romantischen Gebäude, ob Ruinenturm oder steinerne Brücke davor, täuschen ihr Alter nur vor, was ihrer Wirkung keinen Abbruch tut. Dafür wurden sie schließlich angelegt, wie in einem heutigen Freizeitpark auch.

Zu Beginn der 2000er Jahre wurde begonnen, den Buchenbergpark als Naherholungsgebiet aufzuwerten. Große Liegewiesen zum Picknicken und Spielen wurden eingerichtet. Andere Bereiche des Waldes werden dagegen sich selbst überlassen und sollen verwildern. Und dann ist da der Zwemwijer, ein rein ökologischer Schwimmteich, der erste seiner Art in Belgien und mit 73 Meter Länge und zwischen 1,8 und 2,5 Meter Tiefe angeblich der größte in Europa. Ein zweites quadratisches Becken für Kinder und Nichtschwimmer ist ebenfalls groß, aber nur 50 Zentimeter tief. Beide Becken werden weder geheizt noch in irgendeiner Form mit Chemie behandelt. Die Reinigung der Teiche erledigen der steinige Untergrund, 22.000 Wasserpflanzen und ein sogenannter Heliophytenfilter, also das Zusammenspiel von Bakterien und Strömung.

2018 wurden drei leicht futuristische Pavillons aus rostrotem Cortenstahl installiert, um Duschen, Sanitäranlagen sowie Umkleiden mit Schließfächern unterzubringen. Das alles ist von Mitte Mai bis Mitte September kostenlos, obwohl das Schwimmen von Bademeistern überwacht wird. Deren Anweisungen ist allerdings Folge zu leisten, auch was angemessene Schwimmbekleidung angeht (keine weiten Shorts). Wer im Winter hier baden will, muss den Verein »Deurnese IJsberen« kontaktieren.

Adresse Van Baurscheitlaan, 2100 Antwerpen-Deurne, Tel. +32/(0)3/4111995 | ÖPNV Tram 9, Station Deurne Cruyslei; Bus 19, Station Drakenhoflaan | Öffnungszeiten Mitte Mai–Mitte Sept. täglich 12–19 Uhr | Tipp Acht Fortanlagen sollten Antwerpen schützten. Die Forts 2 (Wommelgem) und 3 (Borsbeek) werden heute vor allem für Freizeitsport von Pétanque (2) bis Tauchen (3) genutzt. In Wommelgem beherbergt das Fort zudem fünf Museen.

16 Die Büchertoilette

Das ausgefallene Juwel von »Den Wolsack«

In der schmalen Gasse Oude Beurs trifft man relativ unvermittelt auf das prächtige Portal eines Hauses namens »Den Wolsack«. Das gesamte Viertel wurde im Mittelalter durch den Handel mit Wolle und englischen Tuchen geprägt, daher der Name. Die Verlängerung der Oude Beurs heißt auch weiterhin Wollstraße. Hinter dem Hauptgebäude von Den Wolsack und so vor den Blicken verborgen, liegt eine Art Remise. Formal betrachtet, denn Remise trifft es nicht wirklich: Es handelt sich um ein Rokoko-Juwel im Hinterhof, 1772 als Gartenhaus durch den Kaufmann François Adriaan Van den Bogaert und seine Ehefrau Maria Anna Roggens errichtet. Eine prachtvolle Wunderkammer, konzipiert einzig, um dort Gäste zu empfangen und dabei den Reichtum und den Status der Bauherren derart hervorzuheben, dass selbst die illustresten Besucher hinreichend beeindruckt wurden. Das ist ganz sicher gelungen.

Im Sommer ist diese sogenannte Hofkammer sonntags und auf Voranmeldung zu bestaunen, vor allem ihr riesiges Deckengemälde »Die Götter auf dem Olymp«. Mit 65 Quadratmetern gilt das Werk eines unbekannten Meisters als größtes Deckenbild auf Leinwand. Es ist kürzlich nach jahrelanger Renovierung an seinen Platz zurückgekehrt und besticht mit enormer Tiefenwirkung. »Quadratura« nennt sich die Technik, Perspektive zu erzeugen. Sie geht auf Leonardo da Vinci zurück.

Das größte Geheimnis ist aber die Toilette im ersten Stock. Auch sie ein Beleg, dass das Gebäude an jeder Stelle Eindruck schinden sollte. Der Topf, der seinerzeit als Toilette diente, ist in einen Bücherstapel aus drei großen Folianten eingelassen und versteckt. Auch die Wände des Örtchens sind rundherum mit Büchern dekoriert. Die »Lederbände« sind allerdings Attrappen, hölzerne Buchrücken, die sich nicht herausziehen lassen. Leider hat ein Brand in den 1960er Jahren einigen Schaden angerichtet. Gleichwohl ein sehenswertes Örtchen.

Adresse Oude Beurs 27, 2060 Antwerpen, Tel. +32/(0)3/2263185, www.herita.be/nl/monumenten/de-hofkamer | ÖPNV Tram 7, Station Klapdorp oder Keizerstraat | Öffnungszeiten Mitte April–Okt. Mi, Fr, Sa, So 11–17 Uhr, Gruppen nach Vereinbarung | Tipp »Vliegend Peert« (Fliegende Birne) heißt das schöne Haus mit Stufengiebel aus dem 16. Jahrhundert an der Ecke Groote und Kleine Koraalberg. Heute ist es ein Gasthaus mit Außengastronomie am verschwiegenen Plätzchen.

17 Der Calvariengarten

Ersatz für Pilgerfahrten nach Jerusalem

Im Jahr 1276 weihte der Kölner Bischof Albertus Magnus die erste Kirche des Dominikanerordens in Antwerpen auf den Namen Sint-Pauluskerk, nach dem Schutzheiligen der Dominikaner. Außen an das südliche Seitenschiff der Kirche, auf dem alten Friedhof der Patres des zugehörigen Klosters, ist ein monumentaler Kalvarienberg angelehnt, der Golgatha-Garten. Ein sogenannter Engelsweg – links der Garten der Propheten, rechts der Garten der Evangelisten – führt zum Berg hinauf, der aus drei Terrassen mit einer Christusstatue darüber besteht und insgesamt 63 Figuren und 9 Reliefs zeigt.

Im 17. Jahrhundert hatten die Dominikaner sich zur Aufgabe gestellt, Wallfahrten ins Heilige Land zu fördern. Nach dem Fall Jerusalems 1244 galt das zwar nicht mehr als wichtigste Pilgerreise der Christenheit, aber doch als enorm bedeutende. Die vielen Kriege zwischen Europa und dem Osmanischen Reich machten die Reise zunehmend unmöglich. Es heißt, die Brüder van Ketwigh, beide Dominikaner aus Antwerpen, seien die letzten Pilger in Jerusalem gewesen. Inspiriert von Lucas Cranach, hatte Domien van Ketwigh 1697 den Plan, Christi Leiden, Tod und Auferstehung lebensgroß nachzubilden, als spirituelle Erfahrung und quasi als Ersatz für die eigentliche Pilgerfahrt. 50 Jahre dauerte der Bau des Kalvarienbergs.

Am Beginn des Engelwegs laden zwei heiliggesprochene Dominikaner, Jordan von Sachsen und Gundisalvus von Amaranthe, zur Prozession. Es folgen zehn Engelsstatuen mit den Zeichen des Kreuzwegs von der Dornenkrone bis zum Essigschwamm und die beiden Apostel Petrus und Paulus. Die Anordnung orientiert sich an der Engelsbrücke in Rom. Dann steht der Besucher vor dem Kalvarienberg. Der Golgatha-Garten stellt eine weitere Besonderheit dar, ist nicht nur Kalvarienberg, sondern auch Auferstehungsgarten: rechter Hand zeigt eine Grotte Jesu Auferstehung von den Toten und sein Treffen mit Maria Magdalena.

Adresse Calvarietuin, Veemarkt 13, 2000 Antwerpen, www.sintpaulusantwerpen.be | ÖPNV Tram 7, Station Klapdorp | Öffnungszeiten April–Okt. täglich 14–17 Uhr, Nov.–März Sa, So 14–17 Uhr | Tipp Das barocke Chorgestühl und die grandiose Van-Haeghen-Orgel von 1650 lohnen den Besuch der Kirche. Ihr Klang ist einzigartig. Ebenso eindrucksvoll sind die zehn verbundenen Beichtstühle in den Seitenschiffen, jeder seitwärts durch zwei lebensgroße geschnitzte Statuen verziert.

18 Der Campus

Der schönste Adelssitz Deutschlands

Arnold van Liere war mehrfach Bürgermeister von Antwerpen und offenbar schwerreich. Zwischen 1515 und 1520 ließ er sich einen Palast im Stil der Brabanter Gotik errichten. Als Albrecht Dürer 1520 Antwerpen besuchte und als Gast an den noch nicht fertiggestellten Hof van Liere geladen wurde, befand der Renaissancemaler und Holzschneider: »Das Haus ist groß, mit Kunstwerken geschmückt und mit unzähligen reich ausgestatteten Räumen ausgestattet. Es gibt auch einen elegant dekorierten Turm und weitläufige Gärten. Es ist wirklich ein Adelssitz wie kein anderer in Deutschland.« Und Dürer beschrieb »nur« den südwestlichen ersten Hof, der bis heute – abgesehen vom Turm – im Originalzustand erhalten geblieben ist.

1529 starb van Liere an der Pest. Die Stadt erwarb das Anwesen, um es zunächst der Mailänder Bankiersfamilie Salviati und später der Handelsorganisation »Engelse Natie« zur Verfügung zu stellen, wodurch es auch als »englisches Haus« bekannt wurde. Die Jesuiten vergrößerten das Gebäude 1607 um den mächtigen nördlichen Innenhof und machten es zum Internat. Oft heißt es, dass seitdem dort unterrichtet werde. Das stimmt aber nicht. Die Jesuiten wurden 1773 (zeitweilig) aufgelöst und die Gebäude von der österreichischen Regierung beschlagnahmt. Der Hof van Liere wurde Königliches Kollegium und Militärakademie, von 1794 bis 1910 dann Lazarett, nach dem Ersten Weltkrieg Kaserne. Erst 1929 kehrten die Jesuiten zurück. Der große Innenhof entstand durch den Bau des Nordflügels. Als Studentenwohnheim konzipiert, ist er stilistisch den älteren Gebäuden angepasst, aber deutlich höher als diese.

Heute ist das wunderschöne Ensemble der Stadtcampus der Universität Antwerpen. Mit seinen drei umbauten Höfen, der Rasenfläche und den Arkadengängen erinnert er an Oxford oder Cambridge, vor allem ist er bildschön, besonders wenn im Herbst der Wilde Wein die Fassaden rot färbt.

Adresse Hof van Liere, Prinsstraat 13, 2000 Antwerpen, Tel. +32/(0)3/2654385 | ÖPNV Tram 1, 24, Station Roosevelt; Bus 17, Station Hessenbrug | Öffnungszeiten täglich 12–19 Uhr | Tipp Das »Museum to Scale« auf dem Unigelände ist eine moderne Wunderkammer. Präsentiert wird belgische Kunst des 20. und 21. Jahrhunderts im Maßstab 1:7. Jeder der 101 Ausstellungsräume misst 100 mal 65 mal 60 Zentimeter (Gebouw R, Lange Nieuwstraat 101).

19 Das Crossroads

Die Bluesknejpe am Pferdemarkt

Die Kneipe im weißen Eckhaus mit dem markanten Erkerturm an der Kreuzung Paardenmarkt und Rijnpoortvest hat Tradition. Im Sommer 1993 eröffnete Jan van der Stappen, der noch immer hinter dem Tresen steht, mit seiner damaligen Frau das erste Lokal gleichen Namens, natürlich mit einem Bluesconcert. Der Name verpflichtet. Die belgische Dizzy Dave Band heizte damals auf der Bühne ein. Das war am ersten Standort nahe der Nationalbank.

2011 kam dann der Umzug an den Pferdemarkt. Fast die Hälfte der über 30-jährigen Historie mit weit mehr als 2.000 Live-Konzerten mal mehr, mal weniger bekannter Musiker spielt nun im alten Stadtviertel zwischen Universität und Eilandje. Jan hat durchaus ein Faible für neue Musik, aber er war und ist Blues-Enthusiast. Für manche seiner in Europa oft unbekannten Lieblingsmusiker aus den Südstaaten der USA hat er ganze Tourneen organisiert, nur damit sie am Ende in seiner Kneipe auftreten konnten.

Einige heute namhafte Musiker und vor allem Jans Gäste wissen derartigen Einsatz zu schätzen, sie haben davon profitiert und genießen die regelmäßigen Konzerte. Der Standort und die Frau an Jans Seite haben gewechselt, geblieben sind die Begeisterung für Musik, der Name Crossroads, der Stil der Einrichtung mit dem Poolbillard-Tisch von Thissen, der kleinen Bühne und vielen Gitarren an den Wänden, die musikalische Vorliebe des Chefs für Mississippi-Blues und auch die regelmäßigen Live-Gigs, meist sonntags.

Anders als man vermuten könnte, ist Jan van der Stappen selbst nie Musiker gewesen und hegt auch keine derartigen Ambitionen. Er sagt von sich, er sei gern Wirt und vor allem ein »Möglich-Macher«. Was er genau damit meint, zeigen gerahmte Fotos an den Wänden des Lokals. Neben Bluesgiganten wie W. C. Handy, Etta James, Dr. John, Muddy Waters oder Leadbelly sind auch viele der Musiker abgelichtet, die auf der kleine Bühne gastiert haben. Für Infos zu Konzerten sollte man vorbeischauen, die Webseite ist nicht immer aktuell.

Adresse Paardenmarkt 115, 2000 Antwerpen, Tel. +32/(0)3/2315266, www.crossroadscafe.be | ÖPNV Tram 1, 24, Station Paardenmarkt; Bus 17, Station Rodestraat | Öffnungszeiten täglich ab 12 Uhr, Di nur bis 20 Uhr | Tipp Stadswaag (Stadtwaage) heißt der verborgene schöne Platz im Univiertel: nette Kneipen, zivile Preise, Tische unter Bäumen.

20 Das Cuperus

Die Kaffeerösterei mit Geschichte

Antwerpen hat eine große Kaffeetradition. In erster Linie hängt das mit dem Hafen zusammen. Nirgends sonst gibt es derartige Lagerkapazitäten für die Bohnen: 250.000 Tonnen Rohkaffee reifen in den hiesigen Kontoren, werden weiterverarbeitet und verschickt. Es heißt, früher habe jedes Antwerpener Kwartier seine eigene Rösterei gehabt. So viele sind es heutzutage nicht mehr, aber ein gutes Dutzend doch immer noch oder genauer: wieder. Kaffee, frisch geröstet und gebrüht, ist in Mode. Die Dichte an kleinen, höchst unterschiedlichen Cafés ist enorm. Die Qualität ihres Angebots ebenso. Und dabei ist ausdrücklich nicht die Rede von amerikanischen To-go-Ketten, sondern von richtigen Kaffeehäusern.

Viel Tradition bietet das Cuperus, das älteste Kaffee- und Teehaus der Stadt mit eigener Rösterei. Es versorgt die Antwerpener trotz diverser Umzüge seit einer mittleren Ewigkeit mit ihrer »Tasse Trost«, wie der kleine Schwarze im Niederländischen genannt wird. Tatsächlich wurde Cuperus 1823 jenseits der Grenze in Friesland gegründet und siedelte dann in die Hafenstadt an der Schelde um. Zunächst lag der Fokus auf Tee, Kaffee kam erst später ins Sortiment. Aber immer ging es zuallererst um Qualität. Vom Einkauf über die Rösterei, die eigene Bar und den eigenen Shop bis hin zum Vertrieb, alles soll bei Cuperus in einer Hand sein, sagt Chef Glenn Drouck.

Am Sint-Katelijnevest findet man ein umfangreiches Angebot an Fair-Trade-Tee und -Kaffee, kann zudem Workshops besuchen, von der Einführung in die Welt des Kaffees bis zur Ausbildung zum Barista mit allen Kunstfertigkeiten der Dekoration. Das drei Etagen hohe Gebäude wirkt ausgesprochen jung und versprüht eher schwedische Nüchternheit denn Wiener Kaffeehaus-Grandezza. Tradition meets Ökologie, das gilt für alle drei Niederlassungen, ob für das Haupthaus, die Filiale am Pferdemarkt oder die jüngste Cuperus-Filiale im Sterckshof (Cornelissenlaan 1).

Adresse Sint-Katelijnevest 51, 2000 Antwerpen, Tel. +32/(0)3/2332589, www.cuperuskoffie.be | ÖPNV Tram 11, Station Sint-Katelijne; Tram 7, Station Meirbrug | Öffnungszeiten Di–Fr 9–17.30 Uhr, Sa ab 10 Uhr | Tipp Die Liste der zu empfehlenden Kaffeebars ist lang. Hier nur eine Auswahl: »Normo« und »Barnini« für Espresso, »Caffènation« als (Wieder-)Begründer der Tradition, »Caffe Mundi« und »Kolonel Koffie«, »Cross Roast« und »Roast« wegen der Kunst.

21 Das Dach

Gläserne Segel über dem Gericht

Ein Gerichtspalast mit einem freundlichem Spitznamen dürfte weltweit eher eine Seltenheit sein. Als das neue Gerechtsgebouw von Antwerpen 2006 nach einer Rekordbauzeit von nur fünf Jahren fertiggestellt und offiziell eingeweiht wurde, standen gleich drei verschiedene zur Auswahl: »het vlinderpaleis« (der Schmetterlingspalast) setzte sich sehr schnell gegenüber »de zeilen« (die Segel) und »de frietzakken« (die Frittentüten) durch. Ein Blick über die Dachlandschaft genügt, um das zu verstehen. 32 metallische Spitzen ragen aus dem Dach hervor, je eine über jedem Gerichtssaal, insgesamt 6 große und 26 kleinere. Die Architekten hatten an Segel auf der Schelde gedacht, aber die Assoziation mit Flügeln ist mindestens ebenso passend.

Obwohl der Bau mit fünf oberirdischen und einem unterirdischen Stockwerk die enorme Grundfläche von 78.000 Quadratmetern hat, verleiht ihm das Dach eine geradezu spielerische Leichtigkeit. Das gilt erst recht von innen, wenn man aus der zentralen »salle des pas perdus«, der öffentlichen Empfangshalle, von der sämtliche Wege im Gebäude ausgehen, nach oben in die gläserne Decke schaut. Den Architekten von Rogers Stirk Harbour + Partners ist zusammen mit Arup ein spektakulärer Wurf gelungen. Die nämliche Kombination zeichnete schon für das Centre Pompidou in Paris verantwortlich. Auch für Antwerpen erhielten sie mehrere Architekturpreise.

Während das Gebäude sein Dach stolz präsentiert, verbirgt es darunter diverse Clous. Es gibt nur ein einziges Tiefgeschoss, da unter dem Haus der neue, parallel zur Schelde verlaufende Bolivartunnel mit der zentralen Straße der Stadt, dem Amerikalei, verbunden ist. Die 100 Platanen auf dem Platz zu pflanzen und am Leben zu erhalten, war eine echte Herausforderung. Dafür übernimmt das Dach wiederum Verantwortung: Hier wird Regenwasser zur Bewässerung und ebenso für sanitäre Zwecke gesammelt.

Adresse Bolivarplaats 20, 2000 Antwerpen, Tel. +32/(0)3/2578011 | ÖPNV Tram 1, 4, Station Bolivarplaats | Öffnungszeiten Führungen Mo–Fr nachmittags, Buchung unter www.antwerpsestadsgidsen.be | Tipp Das gesamte Areal – früher der Südbahnhof – wurde vor dem Bau der Tunnel von mehrspurigen Straßen zerfurcht. Unterdessen ist eine Parklandschaft entstanden, und man kann durch den Kennedy-Fietstunnel zu Fuß oder mit dem Rad die Schelde unterqueren.

22 Das DIVA

Die interaktive Schmuckerfahrung

Die erste Assoziation zu Antwerpen lautet, ziemlich egal wer wo danach gefragt wird: Diamanten. Kein Wunder, zeitweilig passierten 80 Prozent aller weltweit gehandelten Rohdiamanten eine der vier Edelsteinbörsen der Stadt und gingen dabei obendrein durch die Hände der hiesigen Schleifer. Für knapp zwei Drittel der natürlichen Steine gilt das bis heute. Daher wird ebenso wenig erstaunen, dass in der Stadt der Preziosen diesen Kostbarkeiten ein Museum gewidmet ist. Lange waren es sogar zwei, die allerdings in ihrer Qualität den Sujets nicht gerecht wurden.

2018 fusionierten dann das ehemalige Diamantenmuseum und das Silbermuseum unter dem Titel DIVA zu einem Haus, angesiedelt im vormaligen ethnografischen Museum, einer repräsentativen Bürgervilla zwischen Groenplaats und Schelde. Das Gebäude wurde komplett entkernt und in sechs Themenräume aufgeteilt. Wie beim Thema Diamanten nicht anders zu erwarten, floss ein erheblicher Teil der Kosten in die notwendigen Sicherheitsvorkehrungen. Und genau das wird auch thematisiert, indem die Ausstellungsstücke zum Beispiel in den Schließfächern eines begehbaren Tresorraums präsentiert werden. Das macht Sinn und ist zudem optisch spannend. Die anderen fünf Räume heißen Wunderkammer, Atelier, Internationale Handelskammer, Esszimmer und Boudoir. Sie behandeln die Themen Luxus und Kultur, handwerkliche Kunst von Goldschmieden und Diamantschleifern und Antwerpens Stadtgeschichte als Umschlagplatz der Edelsteine. In einem Boudoir werden die kostbarsten Schätze präsentiert. Dazu kommen Wechselausstellungen.

Jedes Thema erhält durch Inszenierungen, Soundscapes, Multimedia-Installationen und interaktive Mitmach-Elemente, zu denen auch das (simulierte) Schleifen eines Brillanten gehört, eine besondere Atmosphäre. Der Besuch lohnt sich auch für Menschen, die ihre Zeit eher ungern vor funkelnden Vitrinen verbringen.

Adresse Suikerrui 17–19, 2000 Antwerpen, www.divaantwerp.be | ÖPNV Tram 3, 4, 5, 7, 9, 15, Bus 181, 183, Station Groenplaats | Öffnungszeiten täglich außer Mi 10–18 Uhr | Tipp Das Privatmuseum De Reede präsentiert ausschließlich Druckgrafiken. Die stammen dafür von den renommiertesten Künstlern, darunter Käthe Kollwitz, Edvard Munch, Félicien Rops und Francisco Goya (Ernest Van Dijckkaai 7).

23 Das Dogma

Die Cocktailbar in der Kneipengasse

In den meisten Städten versuchen Einheimische, Plätze zu meiden, an denen sich viele Touristen tummeln. An Sightseeing-Hotspots finden sich nur selten Orte, die trotzdem nicht überlaufen sind und ihren ursprünglichen Charakter bewahrt haben. In Antwerpen ist das anders. Hier hat man bisweilen den Eindruck, Geheimnisse würden gerade dadurch gewahrt, dass man sie offen zur Schau stellt, um sie in der Masse verschwinden zu lassen. Das Dogma ist so ein Ort.

Obwohl mitten in der Wijngaardstraat, einer hübschen Gasse zwischen Grote Markt und Hendrik Conscienceplein, in der Bars sich mit Goldschmieden abwechseln, ist die Cocktailbar des preisgekrönten Mixers Didier van den Broeck keine Touristenfalle. Eher ein Geheimtipp für Fans von wirklich guten Longdrinks mit und ohne Alkohol, seien es Klassiker oder moderne Eigenkreationen. Natürlich sind Touristen unter den Gästen, aber sie kommen nicht gleich busweise.

Dogmatisch scheint das Dogma eher in Bezug auf Qualität zu sein, denn auf einen bestimmten Stil. Das gilt für Drinks, Mobiliar und Habitus des Personals gleichermaßen. Kellner und Mixer sind geschult und auffallend gut gestylt, weißes Hemd – gestärkt und mit Krawatte – zur Lederschürze, das Interieur eine Mischung aus Southern Saloon und New-Orleans-Club der 1920er, mit Chesterfield-Leder, Teppichen und rohen Backsteinmauern. Sehr gediegen, sehr schön. Das gilt erst recht für die Cocktails. Klar gibt es Mai Tai, Manhattan und Mojito, aber die findet man auch sonst überall. Warum sich also nicht vom Bartender beraten lassen, etwas Neues probieren und dabei ganz ungeahnte Geschmackserfahrungen machen? Völlig undogmatisch führt die Karte auch Wein und Champagner sowie Rum, Wermut und Whisky auch pur, hier findet man Islay Malts neben Rye, Bourbon und Nikka. Eben für jeden etwas. Nur Bier, da ist man dann doch dogmatisch, gibt es nicht. Ansonsten lautet die Regel: wohlfühlen.

Adresse Wijngaardstraat 5, 2000 Antwerpen, Tel. +32/(0)3/7706477, www.dogmacocktails.be | ÖPNV Tram 7, Station Keizerstraat | Anfahrt Di–Do 17–24 Uhr, Fr 17–1 Uhr, Sa 15–1 Uhr, So 15–24 Uhr | Tipp Cocktails sind einerseits enorm im Trend, andererseits aber nicht überall kompetent gemixt. Zwei weitere gute Cocktailbars ebenfalls mitten im Zentrum sind »TAZU« (Vlaaikensgang 8a) und »BelRoy's at Nine« (Lijnwaadmarkt 9).

24 Die Dorfkneipe

»De Volkslust« war 100 Jahre Großbäckerei

Vom Museum aan de Stroom (MAS) bis zum Zentrum von Merksem sind es fünf Kilometer mit dem Rad, eine Distanz, die auch Menschen mit ausbaufähiger Kondition in 20 Minuten bewältigen können – und doch liegt eine ganze Welt dazwischen. In Merksem ist man erkennbar auf dem Dorf. Obwohl: Am ersten Mittwoch des Monats (außer im Juli und August) kann schon ordentlich was los sein, denn dann ist Livemusik angesagt. Der »USA Jazzclub Antwerp«, gegründet 1969 in Merksem (damals Merxem), bringt seit über 50 Jahren renommierte Jazzmusiker auf die Bühne, und das an einem geschichtsträchtigen Ort.

»De Volkslust« lautet der Name des Gebäudes rund um einen mit Glyzinien bewachsenen Innenhof und der Kneipe im nämlichen Haus. Genau genommen handelt es sich um die Stallungen von De Volkslust, der eigentliche Betrieb lag im dreigiebeligen Haus, auf der anderen Seite der Van Heybeeckstraat im Haus Nummer 5. Ebenfalls grau angestrichen und durch eine brachial vergrößerte Toreinfahrt verunstaltet, ist bis heute erkennbar, dass beide Gebäude zusammengehören. 1903 ließ Eugène Dierckxsens sie errichten, das eine als neues Domizil seiner 20 Jahre zuvor gegründeten Großbäckerei, in der jeden Tag bis zu 15.000 Brotlaibe gebacken wurden, das andere als Stallung für 30 Pferde samt Kutschenhaus, Schmiede und Stellmacherei. Denn das war der spezielle Service der Bäckerei De Volkslust: Das Brot, damals Haupt- und oft genug einziges Nahrungsmittel der arbeitenden Bevölkerung, wurde von uniformierten Trägern per Leiterwagen bis nach Antwerpen ausgeliefert. Die Bäckerei auf dem Land zu betreiben, scheint ökonomisch Sinn gemacht zu haben. Die Lieferwege für das Brot wurden zwar länger, die für das Mehl aus den eigenen Mühlen aber kürzer.

Nach genau 100 Jahren ging De Volkslust 1983 in Konkurs. Von einstiger Größe kündet das stolze Relief eines Mannes, der mit einem Löwen kämpft, im Giebel von Nummer 5.

Adresse Van Heybeeckstraat 5 und 26, 2170 Antwerpen-Merksem, Tel. +32/(0)3/6442446 | ÖPNV Tram 2, 3, Bus 33, 600, 601, 602, 610, 620, 621, 670, Station Merksem Oudebareel | Öffnungszeiten Kneipe täglich 12–18 Uhr, bei Veranstaltungen länger | Tipp Der Hof van Roosendael (Terlindenhofstraat 265) mit Heimatmuseum und das Kasteel Bouckenborgh (Bredabaan 559) im Park sind jeweils nur einen Steinwurf entfernt und lohnen den Besuch.

25 Die Druckerei

Plantin-Moretus: die älteste, größte und wichtigste

Rund 100 Jahre nach Gutenbergs Erfindung des Buchdrucks entwickelte sich Antwerpen zum Zentrum dieser Kunst für die Niederlande und Flandern. In der Mitte seines Lebens gründete Christophe Plantin 1555 hier eine Druckerei, die sein Schwiegersohn Jan Moretus nach seinem Tod weiterführte und deren Bedeutung kaum ermesslich ist. Hier arbeiteten 80 Drucker an 16 Pressen, und diese erste industrielle Druckerei machte Plantin somit zum ersten Verleger. Die Officina Plantiniana war für 300 Jahre die einflussreichste und größte Druckerei weltweit. Die Qualität ihrer Werke blieb unerreicht, drucktechnisch wie inhaltlich. Im Haus Plantin wurde das Wissen der Welt gedruckt – ob nun protestantisch oder katholisch – und den Menschen zugänglich gemacht, mithin demokratisiert. Hier gingen Humanisten ein und aus, aber auch dogmatische Päpste. 1520 wurde Christophe Plantin im französischen Tours geboren, als Christoffel Plantin starb er 1589 in Antwerpen.

Heute ist das Haus Plantin-Moretus das einzige Museum auf der 1.199 Orte umfassenden UNESCO-Welterbe-Liste. Zu Recht: Werkstatt, Radierungen und Drucke sowie das Bürgerhaus samt Bildern und kompletter Ausstattung sind original erhalten und vorzüglich dargeboten. Zweitens waren Plantin und Schwiegersohn Moretus seinerzeit so revolutionär wie Steve Jobs und Mark Zuckerberg heute.

Die antiken Druckpressen sind zu bewundern, der Lesesaal, außerdem die Bibliothek mit 250.000 Bänden und den Prunkstücken, der Gutenberg-Bibel von 1461, der Flandernkarte von Gerhard Mercator und dem Weltatlas von Abraham Ortelius; dazu Bilder, Geschenke des Schulfreunds Peter Paul Rubens.

Über die Geheimnisse des Hauses ließe sich ein eigenes Buch schreiben. Besser, man schaut es sich selbst an, zum Beispiel bei den beeindruckenden Themenführungen über die beiden Gründerväter oder über die starken Frauen, die die Druckerei als Familienbetrieb erhalten haben.

Adresse Freitagsmarkt 22, 2000 Antwerpen, Tel. +32/(0)3/2211450, www.museumplantinmoretus.be | ÖPNV Tram 3, 4, 5, 7, 9, 15, Bus 181, 183, Station Groenplaats | Öffnungszeiten Di–So 10–17 Uhr | Tipp Der Innenhof des Anwesens, das ursprünglich aus einer Vielzahl von Einzelhäusern bestand, ist ob seiner Schönheit allein jeden Besuch wert, besonders während der Rosenblüte.

26 Die Dulle Griet

Brueghels Meisterwerk bei Mayer van den Bergh

»Die Tolle Grete« ist ein Geniestreich von Pieter Brueghel dem Älteren betitelt: Eine riesige Frau mit Helm und Brustharnisch bahnt sich plündernd den Weg durch ein chaotisches und mörderisches Inferno, wie ein Wimmelbild bevölkert von Dämonen und abstrusen Mischwesen. Da sind Prügeleien, eine Feuersbrunst und ein Mann, der sich Geldstücke aus dem Hintern schaufelt. Ein Albtraum, eine Allegorie? Jedenfalls eines der raren Bilder Brueghels, von dem es keine Kopie gibt. Dafür ist es eines der meistdiskutierten, auch weil seine Bedeutung rätselhaft bleibt. Wer ist die riesenhafte Griet, wohin strebt sie? Die Interpretationen sind diametral verschieden, was bei den Werken des flämischen Meisters allerdings nicht selten ist.

Brueghel zählt zu den wichtigsten Malern, aber über ihn selbst ist relativ wenig bekannt. Kein zu Lebzeiten entstandenes Bildnis ist sicher bestätigt, nur Skizzen, die als mögliche Selbstporträts gelten. Die Aufnahme in die Antwerpener Malergilde 1551 ist belegt, sein Wirken an der Schelde und eine Italienreise, die Geburt seiner Söhne und das Todesdatum 1569 in Brüssel. Aber was er dachte und glaubte, ist allenfalls durch Hörensagen übermittelt. Dabei lebte er mitten in den Religionskriegen der Gegenreformation. Der Glaube war damals das alles bestimmende Thema. Dafür wurde gemordet und gestorben. Und dem katholischen Heiligen Römischen Reich Deutscher Nation galt Antwerpen als Zentrum der Häresie. Wie konnte Brueghel überleben, der nie das Porträt eines (Kirchen-)Fürsten malte noch überhaupt je ein Bild für die Kirche?

Religiös erbaulich, das steht fest, ist die »Dulle Griet« sicher nicht. 1897 kaufte Fritz Mayer van den Bergh das Werk für 390 Mark auf einer Auktion in Köln. Das Wohnhaus des Geschäftsmanns ist heute ein Museum für Kunst des 14. bis 16. Jahrhunderts, darunter ein weiteres Pieter Brueghel zugeschriebenes Werk, die »Zwölf Sprichwörter«.

Adresse Lange Gasthuisstraat 19, 2000 Antwerpen, Tel. +32/(0)3/3388188, www.museummayervandenbergh.be | ÖPNV Tram 4, 7, Station Oudaan | Öffnungszeiten Di–So täglich 10–17 Uhr | Tipp Der Antwerp City Pass bietet für 24 bis 72 Stunden Zugang zu 16 Museen und 3 Kirchen der Stadt sowie freie Fahrt in Tram und Bus.

27 Die Dürerplakette

Ehrung für den großen Nürnberger

Sein Monogramm AD kennt wahrscheinlich so ziemlich jeder. Aber wer nicht gerade als Dürerspezialist sein Einkommen verdient, dürfte überrascht sein, mitten im Zentrum Antwerpens auf eine Plakette aus Bronzeguss zu stoßen, die auf der Wijngaardbrug seit 1971 an den großen Kupferstecher, Holzschneider und Maler aus Franken erinnert. Der Verweis auf die Adresse Wolstraat 19 macht die zweisprachige Tafel, zu Dürers 500. Geburtstag von seiner Heimatstadt Nürnberg gestiftet, leider etwas missverständlich, denn das angesprochene »Haus Engelenborch«, ist – wenngleich 1923 komplett umgestaltet – eben das Gebäude, an dem die Plakette angebracht ist. Hier wohnte der hochverehrte Dürer fast ein ganzes Jahr bei dem Seifensieder Joost Planckfelt. Die Stadtväter boten ihm sogar ein eigenes Haus samt Unterhaltskosten und Steuerfreiheit an, dazu ein festes Gehalt plus Ankauf seiner Bilder, wenn er denn nur in der Stadt bliebe.

Dürer machte sich im Juli 1520 über Bamberg und Köln auf nach Antwerpen. Die Reise diente zwar auch dem Ziel, die flämischen Meister im Original zu sehen und Denker wie Erasmus von Rotterdam persönlich kennenzulernen, hatte aber vor allem finanzielle Beweggründe, heute spräche man von Marketing. Einerseits war Antwerpen *die* Handelsmetropole Europas und somit der ideale Ort für Künstler, um ihren Marktwert zu steigern. Und bereits während der Anreise verkaufte Dürer in Bamberg Bilder an den dortigen Bischof. Hauptziel aber war die Krönung von Karl V. am 20. Oktober in Aachen. Vom neuen Kaiser erhoffte sich Dürer die Bestätigung der Leibrente, die Karls Großvater Maximilian I. ihm verliehen hatte. Und im Vorfeld antichambrierte Dürer in Köln und in den spanisch-österreichischen Niederlanden, um das sicherzustellen. Im November kam die Zusicherung. Dürer blieb gleichwohl noch ein halbes Jahr in Antwerpen, auch weil die »Antorffer« ihn und seine Kunst derart hofierten.

Adresse Wijngaardbrug, 2000 Antwerpen | ÖPNV Tram 7, Station Keizerstraat | Tipp Das »Café De Kat«, eine der ältesten Kneipen der Stadt, liegt malerisch – besonders an Sommerabenden – an einer kleinen Innenstadtkreuzung. Trotz zentraler Lage, guter (Jazz-) Musik und nettem Service bleibt sie ein Insidertipp (Wolstraat 22).

28 Das Einhorn

Die weiße Mühle von Lillo

»De Witte Molen van Lillo«, eine große steinerne Getreidemühle, hat 300 Jahre auf ihrem runden Buckel, die wenigste Zeit davon am heutigen Standort. »Joannes van den Sande Anna Maria Verheyen Anno 17 May 1735« – diese Inschrift im Inneren bezeugt das Datum der Einweihung.1966 erwarb die Stadt Antwerpen den denkmalgeschützten Bau für 6.847.000 belgische Francs (circa 140.000 Euro), weil er der Hafenerweiterung im Weg stand, ließ ihn für 75.000 Euro abbrechen und am jetzigen Platz unverändert neu aufbauen. Zwischen dem Beginn des Abrisses und dem Neustart des Laufwerks lagen nur vier Monate.

Ursprünglich stand das Windrad 230 Jahre lang am Lillo-Kruisweg, in der Verlängerung von Fort Lillo landeinwärts, südlich des heutigen Monsanto-Geländes. Dieser Ort lag, wie alte Fotos zeigen, nah an den Schelde-Deichen und hat so die Bauart als Gerüstmühle bestimmt. Deren Spezifikum ist ihre Höhe. Sie werden auf einen Unterbau, ein Gerüst, gestellt, um innerhalb bebauter Flächen, hier hinter dem Deich, ausreichend Wind auffangen zu können. Als Nebeneffekt wird unter dem Mahlwerk Stauraum gewonnen, ausreichend, um mit einer Kutsche hineinfahren zu können, ohne durch die rotierenden Flügel gefährdet zu werden. Die Blätter erreichen nicht den Erdboden, sondern enden einen knappen Meter oberhalb des umlaufenden, auf Holzbalken stehenden Gerüsts.

Die Mühle ist eine Schönheit, und nur aus der Distanz wird sichtbar, dass der gesamte Bau asymmetrisch ist und ein wenig einem Pilz ähnelt. Nach schweren Sturmschäden wurden die Flügel 1997 komplett restauriert. Alles ist voll funktionstüchtig. Bei Führungen des gemeinnützigen Vereins Levende Molens jeweils am letzten Sonntag des Monats wird sie in Betrieb gesetzt. Den Namen »De Eenhoorn« trägt sie nach ihrem zweiten Eigner, dem Apotheker David Johannes Gijsen aus Antwerpen, vor dessen Geschäft am Korenmarkt ein Schild mit einem Einhorn hing.

Adresse Scheldelaan 450, 2040 Antwerpen | ÖPNV Wasserbus Steenplein – Fort-Lillo | Öffnungszeiten letzter So im Monat 13 – 17 Uhr, genauere Informationen per E-Mail an molen.eenhoorn@levendemolens.be | Tipp Das Havencentrum – es liegt in etwa auf dem ersten Standplatz von »De Eenhoorn« – bietet viel Wissenswertes über den – gemessen am Umschlag – zweitgrößten Hafen Europas (Scheldelaan 444).

29 Die Eisenwarenhandlung

In't Zonneke lässt Herzen höherschlagen

Flamen und Wallonen sind sich in nichts einig, außer in dem Satz: »Wir werden mit einem Backstein im Bauch geboren.« Will sagen: Mindestens ein Haus für sich und die Familie zu bauen, egal, wie klein das Budget, liegt in den Genen aller Belgier. Nicht von ungefähr finden sich nirgends sonst so viele (Floh-)Märkte für Möbel, Interieur und antike Baustoffe, von der geschmiedeten Wendeltreppe über Holzbohlen bis zu ganzen Scheunentoren. Solche Schätze zu suchen und einzubauen, ist Volkssport.

Aber selbst in Belgien ist ein Geschäft wie In't Zonneke eine Rarität. Unklar, ob es mit »zeitlos« oder »aus der Zeit gefallen« besser umschrieben ist. Die taubenblauen Holzrahmen der Schaufenster mit ihren goldenen Verzierungen fallen als Erstes ins Auge. Der Eingang ist ein hellgraues Steinmosaik mit eingesetztem Namenszug, darüber an der Fassade das geschmiedete Firmenemblem mit Zirkel, Hammer und goldener Sonne. Und das Äußere des Geschäfts, das seit anderthalb Jahrhunderten Beschläge, Schlösser, Schlüssel, Knäufe, Armaturen, Badezimmer-Accessoires und Heizungsgrills verkauft, ist noch nicht einmal die größte Besonderheit, auch wenn die letzte Anpassung an den Zeitgeschmack in den 1920er Jahren erfolgte. Denn innen ist der Laden weitestgehend so erhalten, wie er im Jahr 1885 zum ersten Mal geöffnet wurde, selbst der Tresen und das Schubfachregal dahinter sind so alt. Reyne Eyckerman setzt eine Familientradition fort, auf die sie zu Recht stolz ist.

Man kann hier einen modernen Schlüssel ersetzt bekommen, aber für ein Original aus dem 19. oder gar 18. Jahrhundert würde eben auch von Hand ein neues Exemplar gefertigt, wenn es nicht sowieso zum Lagerbestand gehört. Die Eisenwarenhandlung liefert authentische Beschläge aller Art, von Hand auf Einzelmaß gefertigt. Wer seine Wohnung mit stilgerechten Türklinken oder Wasserhähnen ausstatten will, kommt am Besuch bei Vrouw Eyckeman nicht vorbei.

Adresse Sint-Jorispoort 8, 2000 Antwerpen, Tel. +32/(0)3/2320232, www.in-t-zonneke.be | ÖPNV Tram 4, 7, F 2, Station Mechelseplein; Bus 13, 14, Station Nationale Bank | Öffnungszeiten Mo 13.30–17.30 Uhr, Di–Fr 9–12.30 und 13.30– 17.30 Uhr, Sa 9.30–12.30 Uhr | Tipp Gleich um die Ecke liegt »De Messenwinkel«, erkennbar an der rot gestreiften Markise. Wer Scharfes zum Schneiden sucht, ist hier richtig (Mechelseplein 7).

30 Die Empfangshalle

Der wohl schönste Bahnhof der Welt

»Het is een leuk, klein stationnetje«, so soll 1905 der Fama nach König Leopold II. die Centraalstation bei ihrer feierlichen Eröffnungszeremonie kommentiert haben, ein niedlicher, kleiner Bahnhof. Der Rest der Welt spricht ob der Pracht und der Ausmaße meist von einer Kathedrale. Nach Antwerpen reist man auch aus ästhetischen Gründen am besten per Zug. Die Bahnhofshalle, eine in 43 Meter Höhe mit Glas überdachte Stahlkonstruktion für ehemals 10 Gleise, ist 186 Meter lang und 66 Meter breit. Die enorme Höhe diente dem Schutz der Passagiere vor dem Qualm der Dampflokomotiven. Und die eigentliche Empfangshalle, entworfen von Louis de Censerie, kommt dann erst noch. Dieser palastartige Eingang wird in 75 Meter Höhe von einer mächtigen Kuppel überwölbt, die sich erkennbar am Pantheon von Rom orientiert. Die einschüchternde Marmorpracht verbirgt die Verwendung von Stahl und Beton. Centraal wurde mehrfach zum schönsten Bahnhof der Welt erkoren.

Deutsche Bombenangriffe hatten der Statik des Gebäudes allerdings so sehr zugesetzt, dass es in den 1960er Jahren einsturzgefährdet war. Nur der Denkmalschutz verhinderte den Abriss. Zwischen 1986 und 2009 wurde bei laufendem Betrieb renoviert und modernisiert, und es entstand eine gelungene Symbiose aus Alt und Neu, ein alter Kopfbahnhof mit neuzeitlicher Tunneldurchfahrt. Bögen und Fundamente wurden erneuert, die Glasscheiben durch Polycarbonat ersetzt und darunter 14 weitere Gleise verlegt, die die Weiterreise ermöglichen. Der Erhalt der Ästhetik des 19. Jahrhunderts war ebenso essenziell wie die Anbindung an das moderne Hochgeschwindigkeitsnetz. Jetzt belichtet das Glasdach der Gleishalle ein zusätzliches Atrium in 20 Meter Tiefe. Von dort aus wird der Blick zur historischen Empfangshalle gelenkt: Perspektivendramatik pur. Der Bahnhof spielt mit Blickrichtungen, Achsen und Durchsichten, Schluchten, Zwischenebenen und Effekten.

Adresse Koningin Astridpein 27, 2018 Antwerpen | **ÖPNV** Tram, Metro, Bus zum Centraal | **Tipp** Die Stahl- und Glasfassade über dem Bahnhofsviadukt entlang der Pelikaanstraat ist eine eigenständige Augenweide, ebenso wie die Bar und der Saal des Royal Café in der Halle.

31 Das Fachgeschäft

Billard und mehr seit 120 Jahren

Thissen Billard wurde 1898 in der Kerkstraat in Antwerpen-Borgerhout gegründet. 1930 zog die Firma ins Bahnhofsviertel um, das heutige Chinatown, aber immer blieb das Unternehmen fest in Familienhand, unterdessen in der vierten beziehungsweise fünften Generation. Ob American Pool, die Königsdisziplin Carambol oder Snooker: Thissen führt vom Tisch bis zum zugehörigen Queue, von Kugeln über Pomeranzen und Kreide bis zur richtigen Beleuchtung alles, was zum Billard benötigt wird. Und das aus eigener Produktion und auf jedem Niveau, für Privathaushalte über die Kneipen- bis zur Turnierausstattung. Auf diese über 100-jährige Tradition ist man zu Recht stolz.

Nach Jahren als unabhängiger – sprich: wandernder – Billardreparateur beschloss Pieter Michael Thissen 1898, eine eigene Billardfabrik aufzubauen. Er heiratete eine gewisse Maria Slegers und gründete mit ihr zusammen die Firma Thissen-Slegers. Das Paar stellte einen Kunsttischler ein, dessen Aufgabe es war, aus jedem Billardtisch ein Unikat und aus jedem Queue ein exklusives Stück zu machen. Nur wenig später begann Thissen mit der Einrichtung von Cafés, weil das Gros der Kunden Kaffeehaus-Besitzer war. Thissen lieferte seinen Klienten das Gesamtpaket.

Heute beinhaltet das Sortiment auch Tischkicker, Pétanque-Kugeln und Dartscheiben sowie Roulette-, Air-Hockey- und Pokertische, aber im Zentrum bleibt Billard. Der Showroom in der Van Wesenbekestraat ist ein kleines Museum mit Antiquitäten aus dem letzten Jahrhundert, unter anderem Kugeln aus Elfenbein. Das Prunkstück ist ein Tisch aus dem 18. Jahrhundert mit kupfernen Löwenfüßen. Er wurde nach dem Zweiten Weltkrieg im Spänekeller gefunden, wo er versteckt worden war. Wie er dort landete, weiß niemand so ganz genau. Restauriert wurde das Kleinod aus der Napoleon-Ära im eigenen Betrieb, dessen Produktionsstätte unterdessen in den Vorort Wommelgem verlegt wurde.

Adresse Van Wesenbekestraat 51–55, 2060 Antwerpen, Tel. +32/(0)3/2335418, www.amusement.be | **ÖPNV** Tram 2, 3, 5, 6, 8, 10, Station Astrid; Tram 12, Station De Coninck | **Öffnungszeiten** Mo–Sa 10–18 Uhr | **Tipp** Professionelle Billard-Turniere werden seit einigen Jahren vor allem auf Tischen der Marke Verhoeven gespielt. Deren Showroom liegt 20 Kilometer nordöstlich in Malle (Antwerpsesteenweg 109).

32 Die Fahrradkirche

Sint-Anna-ten-Drieën: Glaskunst im Öko-Gotteshaus

Die katholische Kirche Sint-Anna-ten-Drieën erlangte 2011 landesweite Bekanntheit, als die Parochieverwaltung den modernen Betonbau aus dem Jahr 1970 offiziell zur ersten »Fietskerk« Belgiens erklärte. Der Kirchplatz erhielt nicht nur neue Fahrradständer, sondern auch Picknicktische und Bänke für eine Rast, dazu einen Trinkwasserbrunnen und Steckdosen, um Elektroräder aufzuladen. Natürlich kann die Toilette benutzt werden, wenn die Kirche im Sommer geöffnet ist. Es lohnt, sich aufs Rad zu schwingen und die Schelde nach Linkeroever zu kreuzen, um Sint-Anna zu besuchen.

Der Architekt Jos Ritzen, Jahrgang 1927, war Mitglied der Gemeinde und wohnte direkt gegenüber der alten Kirche. Als der Neubau anstand, entwarf er einen Mehrzweckraum in Form einer Jakobsmuschel, der sich an Le Corbusiers Notre-Dame-du-Haut in Ronchamp orientiert. Die Schlichtheit der Form beeindruckt, der Innenraum ist komplett offen und frei von anderen, störenden Elementen. Selbst der Altar ist auf dem geneigten Boden verschiebbar, um mehr Raum zu schaffen, etwa für Konzerte und Ausstellungen.

Wirklich besonders ist aber das halbrunde, über 200 Quadratmeter große Glastabernakel rund um das Eingangsportal des französischen Maître verrier et vitrailliste Jacques Loire (1932–2021). Das abstrakte, von innen leuchtende Buntglaskunstwerk aus dem Jahr 2012, dessen ganze Pracht sich erst im Inneren der Kirche offenbart, ist jeden Umweg wert, auch weil es zu den unbekannteren Werken des berühmten Glaskünstlers aus Chartres gehört. Das Glaswerk zieht sich durch sämtliche Räume, von der Sakristei bis zur Toilette.

Sint-Anna nennt sich Öko-Kirche mit dem Ziel, die Schöpfung durch moderne Technik zu schützen. Das Gebäude wird mit LEDs beleuchtet, die von Solarpanels auf dem Dach gespeist werden, für die Toiletten wird Regenwasser gesammelt, und beheizt wird die Kirche mittels Wärmerückgewinnung.

Adresse Hanegraefstraat 1, 2050 Antwerpen, Tel. +32/(0)3/2193229, www.sint-anna-ten-drieen.be | **ÖPNV** Tram 3, 5, 9, 15, Bus 36, 81, 82, 83, 84, 85, 87, 89, 93, 95, 97, 99, Station Halewijn | **Öffnungszeiten** Juli–Sept. Sa 14–17 Uhr, So 10.30–11.30 und 12–17 Uhr, sonst nach Absprache | **Tipp** Direkt an der Kirche startet der 49 Kilometer lange Schelde-Kirchen-Radweg, der an beiden Ufern der Schelde entlang über Antwerpens Zentrum, Hoboken und Schelle nach Rupelmonde führt und dann über Bazel und Kruibeke retour.

33 Die Fietserbrug

Witte Spiraal und Parkbrug schaffen Verbindung

Das Architektur- und Ingenieurbüro Ney & Partner im Brüsseler Vorort Watermael-Boitsfort ist weltweit berühmt für sehr extravagante Brücken, sowohl was deren Optik als auch ihre Statik betrifft. Aber was sie am Noorderplaats in Antwerpen unter dem Namen Parkbrücke für Radfahrer und Fußgänger geschaffen haben, ist ein Knüller und selbst für ihre Verhältnisse außergewöhnlich. Die Brücke ist aus jeder Perspektive bildschön, eher eine Skulptur, die man auch dann hätte bauen sollen, wenn sie keinen praktischen Nutzen böte.

Fietserbrug verbindet das Stadtviertel Eilandje und den alten Hafen mit dem neuen Universitätscampus und Nordspurpark auf einem früheren Eisenbahngelände, um so unmotorisierten Verkehrsteilnehmern die Überquerung einer viel befahrenen Hauptverkehrsachse zu erleichtern. Dabei überspannt der freitragende Stahlkastenträger rund 70 Meter ohne jedwede Stütze am Boden. Sechs Auto- und zwei Tramspuren werden gequert, und von unten sieht man nur einen grazilen, flachen weißen Stahlbogen mit Luftlöchern in einer Art Blumendekor. Schon das hat große ästhetische Qualität, aber noch schöner ist es für die Nutzer. Die leicht dreieckige Konstruktion der beiden Seitenteile bildet einerseits im Scheitelpunkt den tragenden Brückenbogen, bietet zweitens Regenschutz, aber vor allem drittens mit dem Lichteinfall durch das Lochmuster jedes Mal einen visuell völlig neuen Eindruck. Der Geniestreich wurde ein Jahr nach der Fertigstellung 2017 als Brücke des Jahres ausgezeichnet.

Vier Jahre darauf wurde Fietserbrug durch die Witte Spiraal sogar noch einmal verbessert. Als Brückenzugang führt nun eine 140 Meter lange schleifenförmige Radrampe nach oben, so breit, dass sich niemand ins Gehege kommt. Nicht dass Antwerpen eine Verkehrswende benötigt hätte. Schon lange ist das Fahrrad für fast alle Strecken das Mittel der Wahl. Und doch, diese Brücke hat Vorbildcharakter.

Adresse Noorderplaats 5, 2000 Antwerpen | ÖPNV Tram 1, 24, Station Noorderplaats | Öffnungszeiten immer zugänglich | Tipp Beim Kennedytunnel im Süden der Stadt wird 2026 eine große Radbrücke gebaut, die erste oberirdische Querung der Schelde, um Zugang zu den Poldern zu schaffen. Eine Verkehrsstudie hat den Nutzen belegt. Die Radbrücke über die Autobahn E 34 ist bereits fertig.

34 Das Fleischhaus

Musikinstrumente auf dem Blutberg

Wie reich die Metzgergilde einst war, lässt sich an ihrem Zunfthaus ersehen: ein wuchtiger spätgotischer Bau aus rotem Backstein im Zentrum der Altstadt, ein veritables Kastell. Zu Beginn des goldenen Zeitalters von Antwerpen befand die Innung, ihr bestehendes Fleischhaus sei viel zu klein. Philipp der Schöne (1478–1506), Herzog von Burgund und Vater von Karl V., verlieh das Privileg zum Neubau. Von 1500 bis 1504 wurde an alter Stelle ein deutlich größeres Vleeshuis errichtet.

Unter den hohen Bögen des Erdgeschosses standen 62 Metzgerbänke zum Verkauf von Fleisch. Im Obergeschoss, erreichbar über fünf separate Treppentürme, befanden sich im südlichen Seitenschiff die Rats- oder Handwerksstube und im nördlichen Seitenschiff die »Ruet-Stube« zum Fettschmelzen. Die Keller, zugänglich über den gewölbten Durchgang an der Burchtgracht, dienten zum Schlachten und Zerlegen des Fleisches, die riesigen Dachböden waren Lagerräume. Die beeindruckende Eichenkonstruktion des Dachstuhls kann bei Sonderführungen bewundert werden. Die Treppen an Reepen- und Drie-Hespenstraat verdeutlichen, dass der Hang, in den der Bau eingefügt wurde, ehedem steiler war. Der Volksmund benannte ihn halb schaudernd, halb ehrfürchtig »Blutberg«.

Seit 2006 beherbergt das Vleeshuis das Museum »Sounds of the City« für historische Glockenspiele, Cembali und Pianos, Blas- und Saiteninstrumente. Dazu ertönt Musik aus allen Epochen und unterschiedlichen Stilrichtungen, von Marschmusik bis zur Messe, von Turmbläsern über höfische Klänge bis zur Drehorgel. Das ist typisch Antwerpen: Hochkultur auf dem Blutberg. Gegensätzliches existiert nicht nur parallel, sondern miteinander, tritt sozusagen in einen Dialog.

1795 wurden die Zünfte per Dekret der französischen Regierung abgeschafft, die Metzgerhalle verkauft. 29 Metzgern gelang es, das Gebäude zurückzukaufen und es für 40 Jahre erneut als Fleischhalle zu nutzen.

Adresse Vleeshouwerstraat 38–40, 2000 Antwerpen, Tel. +32/(0)3/2926101, www.museumvleeshuis.be | ÖPNV Tram 7, Station Klapdorp; Tram 4, Station Groenplaats | Öffnungszeiten Do–So 10–17 Uhr | Tipp Auch optisch ein Hochgenuss sind die Schlachtereien »Butcher's Store« (Boomgaardstraat 1–3) und »Millevaches« (Godefriduskaai 12). Hier wird regionales Weidevieh vor Ort verarbeitet.

35 Der Flüsterer

Eine Figurengruppe und ihr Sprecher

Daisy Boman, 1948 in Lokeren, auf halbem Weg zwischen Antwerpen und Gent, geboren, studierte Werbegrafik am Städtischen Institut für Kunsthandwerk (SISA) in der Cadixstraat in Antwerpen. Anschließend zog sie einige Jahre nach Südafrika, wo sie sich zur Keramikerin ausbilden ließ. 1987 kam sie zurück nach Flandern und entwarf ihr erstes Bomannetje, eine Tonfigur mit menschlichem Körper und quadratischem Klotzkopf ohne Gesicht. Die Künstlerin hatte ihre Ausdrucksform gefunden. Fortan bevölkerte sie die Welt mit »Bo-men«. Die haben keine Rasse und kein Geschlecht und reduzieren den Menschen durch ihre unterschiedlichen Gesten auf einen einfachen Ausdruck. Erst nach dem Trocknen weist Daisy Boman den Figuren einen speziellen Platz in ihren plastischen Bildern zu.

Als der Unternehmer Rudy Stevens den ersten Bomannetje sah, war es um ihn geschehen. Völlig fasziniert von den kleinen Gestalten, hatte er Großes mit ihnen vor. Stevens überredete Daisy Boman zu einer neuen Skulptur, allerdings in verändertem Maßstab. Dieses Mal sollten die zuvor zwei Zentimeter kleinen Statuetten aus gebranntem weißem Ton um das 200-Fache vergrößert werden. Stevens habe, so heißt es, »Himmel und Hölle in Bewegung« gesetzt, um einen geeigneten Standort zu finden und genehmigt zu bekommen. Er entdeckte ihn am Godefriduskaai, nur einen Kilometer entfernt von Bomans erster Ausbildungsstätte.

Am 8. Juni 2015 wurden die Riesen-Bomen eingeweiht. Wenn schon, denn schon, scheint sich die Künstlerin gedacht zu haben und hat einen dynamischen Fünfer kreiert: Drei weiße Figuren erklimmen die Seitenfassade eines Hauses aus rotem Backstein, eine vierte steht leicht vornübergebeugt auf dem Dach und ruft nach unten. Dort wiederum sitzt die fünfte Figur und hält sich die Hand ans nicht vorhandene Ohr, um den Rufer besser verstehen zu können. Gegen einen Obolus flüstert diese Figur den Spendern Nachrichten zu.

Adresse Godefriduskaai 12, 2000 Antwerpen, www.deantwerpsefluisteraar.be | **ÖPNV** Tram 7, Station Brouwersvliet; Bus 17, Station Schoonbekeplein | **Öffnungszeiten** immer zugänglich | **Tipp** Direkt südlich liegt das Rotlichtviertel Schipperskwartier. Einst berüchtigt, ist es heute auf drei Straßen zwischen Schippersstraat und Verversrui geschrumpft, in denen weiter »Fensterprostitution« stattfindet. Falconplein ist für seinen sonntäglichen Biomarkt bekannt.

36 Das Flugzeugmuseum

Stampe en Vertongen ist mehr als ein Museum

Der Pilot und Flugzeugkonstrukteur Jean Stampe (1889–1978) und der Ex-Fußballer und Börsenmakler Maurice Vertongen (1886–1964) gelten als Väter der belgischen Luftfahrtindustrie. Die beiden Brüsseler waren die treibenden Kräfte bei der Gründung des Antwerpener Flughafens, auf dem sie 1923 eine Flugschule und ihre erste Fabrik eröffneten. Bis 1940 entwickelten sie mehrere Flugzeugtypen, zunächst unter dem Signum RSV (Renard, Stampe, Vertongen), später als SV. Ihr Doppeldecker SV4 wurde ab 1936 hundertfach gebaut, seine Kunstflugqualitäten sind bis heute legendär. Nach dem Krieg wurden weitere rund 1.000 Exemplare in Frankreich in Lizenz gefertigt, 65 für die belgische Luftwaffe. In beiden Ländern blieb die SV4 bis in die 1950er Jahre im Einsatz. Die ursprüngliche Stampe-en-Vertongen-Fabrik wurde von einer deutschen V1-Bombe zerstört, 1947 als »Stampe und Renard« (mit Vertongen als stillem Financier) neu gegründet und bis 1970 betrieben.

1995 traten zwei weitere enthusiastische Flieger auf den Plan. Der Pilot Danny Cabooter und Karel Bos, ein niederländischer Produzent von Katalysatoren für die Autoindustrie. Zu Ehren der beiden Pioniere schufen sie ein kleines, aber feines Museum direkt auf dem Flugfeld, wobei dies nur eine Hälfte der Aktivitäten beschreibt. In einem Nachbau des alten Terminals wird die Geschichte von der ersten Antwerpener Luftfahrtwoche 1909 bis heute erzählt. Eine Menge altes Fluggerät ist zu bestaunen, natürlich die SV4, aber auch eine Spitfire, eine Harvard oder eine Fouga Magister der belgischen Kunstflugstaffel Red Devils, in die Besucher sogar einsteigen dürfen. Im Hangar – leider nur durch Glasscheiben zu besichtigen – steht der immer noch fliegende Museumsteil.

Nicht nur anlässlich des jährlichen Fly-ins am Wochenende nach Christi Himmelfahrt kann man hier bei gutem Wetter Flüge in den legendären Oldtimern vereinbaren und buchen.

Adresse Flughafen, Luchthavenlei 1/Box 3, 2100 Antwerpen-Deurne, Tel. +32/(0)474/877366, www.stampe.be | ÖPNV Bus 51, 52, 53, Station Deurne Luchthaven | Öffnungszeiten Sa, So 14–17 Uhr | Tipp Das Denkmal an der Luchthavenlei ehrt Jan Olieslagers, Radrennfahrer, Motorradpionier und Fliegerass im Ersten Weltkrieg, zum Ritter der französischen Ehrenlegion ernannt und ausgezeichnet – wie auch Jean Stampe – mit dem Croix de Guerre.

37 Die Foodtrucker

Frischer Fisch mit UNO-Zertifikat

Im Jahr 2010 haben sich der Koch Peter Vlyminck und der passionierte Fischer Jan Kegels zusammengetan und ein Business aufgezogen. Ihre Idee: ein Foodtruck für Festivals, Feiern und Events, und das mit frischestem Fisch, quasi vom Meer direkt auf den Pappteller. Nachhaltigkeit und sorgsamer Umgang mit dem Nahrungsmittel Fisch waren von Beginn an ein wichtiges Thema.

Damals waren die beiden Pioniere der noch in den Kinderschuhen befindlichen Streetfood-Bewegung. Galten Imbisswagen zuvor als unterster Rand der Kulinarik, an denen Arbeiter fettige Fritten und billiges Fleisch verköstigten, haben sich in den Folgejahren sowohl die angebotene Qualität als auch ihr Image verbessert. Streetfood wurde »hip« und oft auch »bio«, und nach und nach wurde Gourmetküche mit Spezialitäten und eth(n)ischen Menüs angeboten. Junge Leute entdeckten ihre Liebe zum Kochen, während gleichzeitig eine Krise über Spitzenrestaurants hereinbrach. Plötzlich arbeitslosen Köchen und jungen Kreativen schien der Imbisswagen die beste Wahl: geringere Investitionen als für ein Restaurant und dabei größere Freiheit. Jan und Peter sind Teil dieser Generation, richtig gut und deshalb auch erfolgreich. Mittlerweile betreiben sie nicht nur drei Trucks, sondern dazu noch das Harbor Café direkt am Groenplaats sowie ein zweites Bistro samt Fischgeschäft im Vorort Braschaat.

Wer am touristischen Hotspot im Zentrum der Stadt nur schnelles Junkfood und Nepp erwartet, irrt gewaltig. Natürlich bleibt das Harbor Café von Kegels und Vlyminck der Tradition Streetfood verpflichtet, aber eben auch ihren Qualitätsansprüchen. Alle Betriebe sind MSC-zertifiziert, was bedeutet, sie wurden vom Umweltprogramm der UNO ausgezeichnet. Kein Produkt enthält künstliche Aromen oder Geschmacksverstärker, alle sind regional, der Fisch stammt aus der Nordsee. Auch die Verpackungen bestehen aus Green PE, aus mit Zuckerrohr hergestelltem Kunststoff.

Adresse Groenplaats 15, 2000 Antwerpen, Tel. +32/(0)3/2971488, www.jeansurmer.be | ÖPNV Tram 3, 4, 5, 7, 9, 15, Bus 181, 183, Station Groenplaats | Öffnungszeiten Di–So 12–21 Uhr | Tipp Das »Elfde Gebod« ist bei Einheimischen wie Touristen gleichermaßen beliebt. Erstere kommen wegen der Qualität von Küche und Tresen, die anderen wegen der unfassbaren Ausstattung, die aus Kirchengestühl und Heiligenstatuen besteht (Torfbrug 10).

38 Das 4U

Ein orientalischer Waschsalon

Der britische Regisseur Stephen Frears drehte 1985 den großartigen Film »My Beautiful Laundrette«, für dessen Drehbuch Hanif Kureishi später den Oscar bekommen sollte. Hart in der Sache und dabei liebevoll im Umgang mit den beschriebenen Personen behandeln Frears und Kureishi das schwierige Verhältnis zwischen Jugendlichen der englischen Working Class und pakistanischen Emigranten während der Thatcher-Ära. Es geht um Teilhabe, Rassismus und Homosexualität.

Anders als im Film gilt der durchschnittliche Waschsalon eher nicht als Paradebeispiel für Gemütlichkeit, der zu längerem Verweilen einlädt. Stattdessen: flackernde Leuchtstoffröhren und Wände, die dringend eines Anstrichs bedürfen. Allen, die aushäusig waschen, dürfte das Szenario bekannt vorkommen. Nicht so in der Lange Dijkstraat im 4U. »Als ich hierherkam, wusste ich sofort, das ist es«, erklärte der erste Besitzer des Etablissements, Bidyut Das. Sein Business überlebte die Coronakrise zwar nicht, aber auch der aktuelle Inhaber Mehmedov Merlin war klug genug, das Interieur, das der Öffentlichkeit vor dem Einbau eines großen Schaufensters verborgen geblieben war, unverändert zu lassen.

Denn was heute als Münzwäscherei das gesamte Erdgeschoss des Hauses einnimmt, diente zuvor einer orientalischen Familie als geräumige Wohnung. Und das sieht man: Sämtliche Wände und Böden sind mit Mustern gefliest, dazu rundum Stuckornamente, Säulen und verzierte Bögen, komplett in Blau, Gelb und Weiß gehalten. Der Raum wirkt wie eine Mischung aus Moschee, Topkapi-Palast, Alhambra und Harem. Grandios, jedenfalls als Wäscherei. Waschmaschinen, Trockner und Geldwechsler wurden einfach in die bestehenden Nischen eingepasst, alles andere blieb erhalten. Hier gibt es mehr zu sehen als sich drehende Wäschetrommeln. Und eine kleine Bank vor der Ladentür lädt zum Plausch mit anderen Kunden ein. Ein Hoch auf diesen wunderbaren Waschsalon.

Adresse Lange Dijkstraat 6, 2060 Antwerpen, Tel. +32/(0)476/968680 | ÖPNV Tram 1, 24, Station Paardenmarkt; Bus 17, 68, 600, Station Sint-Jansplein | Öffnungszeiten täglich 7–21 Uhr | Tipp Eine ungewöhnliche Rarität sind die bunten zweistöckigen Holzhäuser im hinteren Teil der Stalinstraat und am Koraalplaatz in Deurne. Auflage der Baugenehmigung war, sie schnell wieder abreißen zu können, da sie in der Nähe von Kasernen stehen.

39 Das Fort

Das Mammut im Weltkriegsfort Nummer 8

Antwerpen ist von einem Gürtel aus Schanzen umgeben. Die ältesten sind die Scheldeforts bei Kallo. Als dem jungen Staat Belgien um 1850 klar wurde, dass man einem erwarteten französischen Angriff nichts entgegenzusetzen hätte, wurden neue Verteidigungsanlagen ausgehoben, sogenannte Brialmont-Forts, benannt nach ihrem Konstrukteur, dem »belgischen Vauban« General Henry Alexis Brialmont (1821–1903). Mit Fort 8 in Hoboken wurde 1859 begonnen. Es ist das besterhaltene, wurde nie umgebaut, mit Beton verstärkt oder anderweitig renoviert, sondern verblieb im Originalzustand.

Die Festung versteckt sich hinter einem Wassergürtel und vielen Bäumen. Auf der sternförmigen Grundplatte umfängt ein ovaler dreistöckiger Backsteinbau schützend einen Innenhof. Um diesen wuchtigen Zentralbau herum verläuft ein 10 Meter breiter gepflasterter Weg, der faktisch wiederum ein Innenhof ist. Er ist von einem über 30 Meter tiefen Gebäudering umgeben, ebenfalls aus rotem Backstein, nahezu vollständig in einen Erdwall eingelassen, mithin fast unsichtbar. Erst im Inneren erschließt sich die Anlage. Und doch: Im Ersten Weltkrieg erwies sich Fort 8 – wie alle anderen auch – als nutzlos, die Technik war militärisch hoffnungslos veraltet, hätte dem Beschuss mit schwerer Artillerie nie standgehalten.

Selbst vielen Bürgern des Vororts Hoboken ist nicht klar, was da im Wald verborgen liegt. Anders den Führern von Gidsenwerk. Der deutschsprachige André de Locht ist Experte für die Forts und deren Baumeister. Er zeigt die schönsten Plätze, erklärt deren Geschichte. Die Feste ist bildschön, Gebäudering wie Bauausführung. Die Maurer haben sich Mühe gegeben, sogar Schmuckverzierungen angebracht. Zu guter Letzt: 1860 wurde bei den Ausschachtungsarbeiten tatsächlich ein Mammutskelett gefunden. Das ist inzwischen im Museum, aber Zeichnungen des Urzeitelefanten finden sich hier und da im Fort.

Adresse Schansstraat 7, 2660 Antwerpen, Tel. +32/(0)495/270519, www.fortengordels.be | ÖPNV Bus 14, 140, 141, Station Hoboken Moretusstraat | Öffnungszeiten Außenbereiche öffentlich zugänglich, Innenraum / Museum nach tel. Absprache oder Vereinbarung per E-Mail an gidsenwerkingfort8@outlook.com | Tipp Sieben der acht Brialmont-Forts sind erhalten. Ein ausgebauter Radweg, größtenteils abseits der Autorouten, verbindet sie auf einer Strecke von 44 Kilometern (www.fortengordels.be, www.fietsnet.be).

40 Die Frituur

Ist No. 1 auch wirklich die Nummer eins?

Mit absoluter Sicherheit wird der Streit, welche denn nun wirklich die allerbeste Frituur von Antwerpen ist, niemals zu entscheiden sein. Es ist nicht einmal möglich, Einvernehmen herzustellen, was die korrekte Bezeichnung betrifft. Zur Wahl stehen gleichberechtigt Frituur, Fritkot und Frietkot, denn schließlich heißen die Kartoffelstäbchen *friet*. Immerhin sind die meisten Antwerpener sich einig, dass es vor allem drei Anwärter auf den Titel gibt. Zwei davon direkt im Zentrum, die Fritkot Max und die Frituur No. 1, die dritte liegt in Berchem, die Frituur Lescluze. Sicher ist: Alle drei lohnen die Probe aufs Exempel. Es soll allerdings auch Überzeugungstäter geben, die das Frites Atelier des holländischen Sternekochs Sergio Herman favorisieren.

Völlige Klarheit besteht dagegen, dass die Zubereitung von *friet* eine Kunst ist, bei der es prinzipielle Vorgaben zu beachten gilt. Das beginnt schon mit der idealen Kartoffelsorte (»Bintje« oder »Agria«) und dem richtigen Schneiden (von Hand), dann muss das Fett (Rinderfett – belgische Fritten sind nicht vegan!) täglich frisch sein. Es gilt, die korrekte Temperatur zu beachten, und frittiert wird in zwei Durchgängen. Nach dem ersten müssen die Stäbchen abkühlen, dann werden sie zum Bräunen in höher temperiertes Fett gegeben. Einmaliges oder zu heißes Frittieren hätte zur Folge, dass die *friet* entweder nicht gar sind oder schwarzbraun. Undenkbar – geht es doch um die perfekte Balance zwischen weichem Innerem und krosser Kruste. Beim zweiten Backen dürfen nur kleine Portionen in den Korb, zu enger Kontakt verhindert eine gute Kruste.

So weit zu den Mindestanforderungen. Ein Indiz für Qualität ist es, die fertigen Fritten in eine Papiertüte zu geben, weil die mehr Fett aufsaugt als die vielerorts übliche Plastikschale. Dann schließlich kommen individuelle Vorlieben zum Tragen. Denn die gibt es schon auch noch – vor allem, wenn es um die besten Soßen geht. Selbstredend müssen auch die handgemacht sein für die besten *friet* der Welt.

Adresse No. 1: Hoogstraat 1; Fritkot Max: Groenplaatz 12; Frites Ateliers: Korte Gasthuisstraat, 2000 Antwerpen; Frituur Lescluze: De Lescluzestraat 2, 2600 Antwerpen | Öffnungszeiten No. 1 täglich 10–3 Uhr; Max täglich 12–24 Uhr; Lescluze Di–So 16.30–22 Uhr; Frites Atelier täglich 11.30–20 Uhr | Tipp 115 Restaurants listet der Guide Michelin in Antwerpen als bemerkenswert, einen Dreisterner, drei Esstempel mit zwei Sternen und 21 mit einem. Esstempel ist bei »The Jane« (Paradeplein 1) wörtlich zu nehmen: Man speist in einer früheren Kirche, am Altar wird gekocht.

41 Die Galerie

»De Zwarte Panter« ist eine Institution

1968, am 5. Dezember, eröffnete Adriaan Raemdonck seine Galerie »De Zwarte Panter«. Schon zwei Jahre später zog sie um in die Kapelle des ehemaligen Sint-Julianusgasthuis in der Hoogstraat, und 50 Jahre später war die Altstadtgalerie nicht allein Magnet für Künstler, Musiker, Schriftsteller und Kunstliebhaber im Allgemeinen, sondern zur ältesten aktiven Galerie des gesamten Königreichs geworden. Und ihr Besitzer Adriaan Raemdonck eine Institution in der Kunstszene, über die sogar ein Dokumentarfilm gedreht wurde. Klingt fast wie ein Märchen.

Und ein bisschen wie im Märchen kommt sich so mancher Besucher beim Betreten von Hof und Sälen denn auch vor. Man fragt sich unwillkürlich, was mehr Beachtung verdient: die ausgestellten Kunstwerke oder die Räumlichkeiten, in denen sie gezeigt werden. Klar ist, dass der Kontrast zwischen moderner Kunst und mittelalterlichen Gebäuden den ausgestellten Werken sicher nicht schadet. Im Gegenteil, er bringt sie stärker zur Geltung. Das gilt gleichermaßen für die Statuen, die im schönen Hof aufgestellt sind, wie für Ölbilder und Radierungen in der alten Kapelle und den (Keller-)Räumen.

Das Sint-Julianusgasthuis wurde 1305 gegründet, um armen durchreisenden Fremden bis zu drei Nächte lang Logis zu bieten, wenn sie nach Antwerpen kamen. Bei einem Umbau 1501 entstanden vermutlich sowohl die Kapelle, das heutige Zentrum der Galerie, als auch das Eingangsportal zur Hoogstraat. Die Sandstein-Rundbogennische mitsamt schmiedeeiserner Arm-Pumpe und bronzenem Löwenkopf als Wasserspeier ist zwar alt, wurde aber doch nach dem 16. Jahrhundert hinzugefügt. Das gilt erst recht für den großen, namensgebenden Panther, der sich nachdenklich in der Kartusche über dem Eingangstor räkelt.

Dem Antwerpener Künstler Fred Bervoets (geboren 1942) ist ein eigener Saal gewidmet. Neben Wechselausstellungen gibt es Buchpräsentationen, Film- und Konzertabende.

Adresse Hoogstraat 70–74, 2000 Antwerpen, Tel. +32/(0)3/2331345, www.dezwartepanter.com | ÖPNV Tram 3, 4, 5, 7, 9, 15, Bus 181, 183, Station Groenplaats | Öffnungszeiten Do–So 13.30–18 Uhr | Tipp Antwerpen ist eine Kunststadt voller spannender Galerien. Eine kleine Auswahl: Sofie van de Velde (Vlaamsekaai 74) und Tim van Laere (Jos Smolderenstraat 50) präsentieren Zeitgenössisches, Xeno Gallery 51 (Zirkstraat 20) vor allem Fotografie.

42__Die Garage

Ein Museum für Busse und Straßenbahnen

Neu ist hier absolut gar nichts, weder die wunderbare Halle noch die Ausstellungsstücke. Im Gegenteil, das meiste stammt aus Zeiten, als die Karosserien der Fahrzeuge noch in Handarbeit hergestellte Einzelanfertigungen waren. Ein Traum für Oldtimer-Fans.

Genau betrachtet hat das VlaTAM, das Flämische Straßenbahn- und Busmuseum, eine Doppelgeschichte. Zum einen begannen Tram-Enthusiasten 1961 damit, alte Fahrzeuge aufzukaufen, um sie vor der Schrottpresse zu bewahren. Ein Schicksal, dem das Gros der Schienenfahrzeuge entgegensah, weil damals europaweit Tram- durch Buslinien ersetzt wurden.

Der erste Ort, um die fachgerecht aufpolierten Schätze zu präsentieren, war in Schepdaal bei Anderlecht. Die Sammlung wuchs – nun auch um wunderschöne alte Busse – und zog 1982 ins Fort 5 bei Antwerpen um. Auch hier reichte der Platz bald nicht mehr aus. Ein neuer Ort wurde gesucht und schließlich mit einem denkmalgeschützten, aber stillgelegten Straßenbahn-Schuppen auch gefunden. Die riesige Halle aus dem Jahr 1912 war im Besitz des Verkehrsbetriebs De Lijn, diente lange als Stellplatz und Werkstatt für deren Antwerpener Fahrzeugflotte, stand aber leer, dem Verfall anheimgestellt. So kam zusammen, was zusammengehört.

Seit 2001 beherbergt das Eckgebäude mit eigener Schienenschleife knapp 60 Fahrzeuge des öffentlichen Verkehrs von 1873 bis heute, motorisierte wie oberleitungsgetriebene, darunter die erste elektrische Tram von Antwerpen, ein dampfbetriebenes Exemplar und diverse Busse. Man kann hier sogar Fahrzeuge für private Veranstaltungen mieten. Ein rühriger Verein kümmert sich darum, die Schätzchen fahrtüchtig und in bestem Zustand zu halten. 2010 musste die marode Stahlkonstruktion des Dachs von Grund auf erneuert werden, seit 2019 ist alles wieder zugänglich und verursacht strahlende Augen bei Freunden von Industriearchitektur wie von Oldtimern.

Adresse Diksmuildelaan 42, 2600 Antwerpen, Tel. +32/(0)3/3224462, www.vlatam.be | **ÖPNV** Tram 4, 9, Bus 51, 52, 53, Station Berchem Groenenhoek | **Öffnungszeiten** Mitte April – Mitte Okt. Sa, So und Feiertage 13 – 16.30 Uhr | **Tipp** Das Fahrrad ist das beliebteste und beste Verkehrsmittel der Stadt. Die roten Stadträder leiht man mit einer Tages- oder Wochenkarte an über 300 Stationen. »Donkey Republic« bietet E-Bikes per App, »Cargoroo« sogar elektrische Lastenräder.

43 Die Gedenkstätte

Armeehauptquartier und KZ

Rund 20 Kilometer südlich vom Stadtzentrum liegt Fort Breendonk, keine Sternschanze Vaubanscher Bauart, sondern eine zu Beginn des 20. Jahrhunderts aus Beton gegossene Bunkerfestung, ehedem weitgehend eingegraben und von einem panzerstoppenden breiten Wassergraben umgeben. Der Zweite Weltkrieg machte das Fort berühmt und später auch berüchtigt.

Fort Breendonk war zunächst Hauptquartier der belgischen Streitkräfte, von hier sendete König Leopold III. nach dem deutschen Überfall am 10. Mai 1940 eine Proklamation an sein Volk. Im folgenden »18-Tage-Krieg« deckte das Fort acht Tage lang den Rückzug hinter die Schelde, bis Antwerpen fiel. Bereits im September richtete dann die Gestapo ein erstes »Auffanglager« ein, und bis August 1944 nutzten Sipo-SD und SS den Ort, um circa 3.600 Menschen aus 20 Nationalitäten einzusperren.

Im ersten Jahr waren etwa die Hälfte der Häftlinge Juden, dann überwiegend politische Gefangene des belgischen Widerstands. Nur die Hälfte der Gefangenen überlebte den Krieg. Mindestens 101 Menschen starben in Breendonk an Unterernährung, Misshandlung oder Zwangsarbeit, 180 Gefangene wurden gehängt oder erschossen. Die meisten wurden 1942 in die Dossin-Kaserne, ins Sammellager Mechelen, verbracht und von dort nach Auschwitz, Buchenwald, Dora oder Mauthausen deportiert. Zu den Insassen von Breendonk gehörten der österreichische Schriftsteller und Resistance-Kämpfer Jean Améry, die kommunistische Anwältin und Frauenrechtlerin Betty Depelsenaire sowie Youra Lichwitz, dem es am 19. April 1943 nur mit einer Pistole bewaffnet gelang, den 20. Deportationszug von Mechelen nach Auschwitz zu stoppen und 231 Todgeweihten die Flucht zu ermöglichen.

Im Sommer 1947 wurde Fort Breendonk zur Nationalen Gedenkstätte erklärt. Heute ist es eines der am besten erhaltenen Lager Europas und Teil des War Heritage Institute.

Adresse Fort Breendonk, Brandstraat 57, 2830 Willebroek, Tel. +32/(0)3/8607524, www.breendonk.be | ÖPNV Bus 258, 287, X60, Station Fort van Breendonk | Öffnungszeiten täglich 9.30–17.30 Uhr | Tipp In keinem anderen Land wurden so viele Juden gerettet wie in Belgien, versteckt und geschützt von Bauern und Bürgern, katholischen Klöstern und dem kommunistischen Widerstand. Mehr dazu in der Kaserne Dossin, Goswin de Stassartstraat 153, in Mecheln.

44 Die Geheimgasse

Vlaaikensgang sind eigentlich Hinterhöfe

Allzu wörtlich sollte man den Begriff »Geheimgasse« dann doch nicht nehmen, denn natürlich weist jeder Fremdenführer, der etwas auf sich hält, auf den Vlaaikensgang hin. Trotzdem verpassen Ortsfremde die Zugänge zum mittelalterlichen Weg direkt neben der Kathedrale und dem Grote Markt leicht. Das ist schließlich auch Sinn solcher Gassen im Zentrum alter Städte: für Ortskundige eine Abkürzung und für alle anderen – häufig in erster Linie die Obrigkeit – nicht leicht zu finden.

1591 entstand der Korridor als L-förmige Verbindung zwischen Oude Kornmarkt und Pilgerstraße. Der Name Vlaaikensgang verweist mit großer Wahrscheinlichkeit auf eine Gastwirtschaft beziehungsweise eine Bäckerei, auf deren Hintereingang der Weg zulief. Im »Tortengang« lebten allerdings hauptsächlich Schuhmacher, die im Nebenberuf die Pflicht hatten, die Notglocke der nahen Kathedrale zu läuten. Genau genommen ist Vlaaikensgang auch keine Gasse. Es handelt sich um die Hinterhöfe von elf sehr alten Anwesen, noch genauer um drei miteinander verbundene Hinterhöfe. Sehr malerisch betritt man, ob durch das Haustor Oude Markt 16 oder Pelgrimstraat 10, gefühlt eine andere Zeit.

Der erste Hof zeigt weiß getünchte, leicht schiefe, zweigeschossige Fassaden mit unregelmäßigen Erkern. Unter einer Christusstatue führt ein Durchgang in einen überdachten zweiten Hof mit zwei Treppen, dessen Ostseite sich zu einem weiteren Innenhof öffnet. Was die Führer eher selten erklären: Die Bänke der Gasse sind im Sommer der beste Platz, um abseits vom Trubel den Konzerten der Beiaardiers, der Glockenspieler, zu lauschen.

In den 1960er Jahren sollte die idyllische Gasse zugunsten eines Parkplatzes abgerissen werden. Vor der Zerstörung bewahrt wurde Vlaaikensgang, weil der Antiquitätenhändler Axel Vervoordt das historische Stück Antwerpen kaufte, renovieren ließ und zur heutigen verschwiegenen Attraktion aufwertete.

Adresse Oude Koornmarkt 16, 2000 Antwerpen | ÖPNV Tram 3, 4, 5, 7, 9, 15, Bus 181, 183, Station Groenplaats | Öffnungszeiten immer zugänglich | Tipp Jef Lambeaux (1852–1908) zählt zu den berühmtesten Bildhauern des 19. und 20. Jahrhunderts. Zu seinen Werken gehören der »Pavillon der menschlichen Leidenschaften« in Brüssel, der »Brabobrunnen« und das Pieter-Appelmans-Denkmal an der Kathedrale seiner Heimatstadt.

45 Das Geisterdorf

Doel steht leer – aber vielleicht nicht für immer

Das Polderdorf Doel, 15 Kilometer westlich von Antwerpen an der Schelde gelegen, ist außer mit dem Rad oder Boot schlecht zu erreichen. Das hat Tradition, um nicht zu sagen Geschichte. Wie vieles hier. Der Ort ist aus mehreren Gründen berühmt. Dabei dürfte es ihn eigentlich gar nicht mehr geben, so oft ist Doel schon abgesoffen – ganz natürlich, aber auch freiwillig und mit Absicht oder zuletzt auf dem Reißbrett.

Moor und Sümpfe um Doel waren immer Überschwemmungsland, aber so hart wie die Allerheiligenflut 1570 hat es die gesamte Nordseeküste selten getroffen. Doel wurde auch später, im Achtzigjährigen Krieg um die Unabhängigkeit der protestantischen Niederlande, von der Habsburger spanisch-katholischen Krone noch mehrfach geflutet. Absichtlich, um so Antwerpen zu schützen. Der letzte Wiederaufbau bescherte dem Dorf eine in Flandern einzigartige quadratische Schachbrettmuster-Struktur: drei Straßen parallel zum Deich und vier, die senkrecht kreuzen.

1969 war Doel erneut in aller Munde. Ein Kernkraftwerk entstand. Kein anderes in Europa steht in so dicht bevölkertem Gebiet. Gleichzeitig wurde ein Bauverbot über das Dorf verhängt, weil es perspektivisch dem Hafenausbau weichen sollte. Es folgten jahrzehntelange Proteste und Prozesse, aber immer wurde gerichtlich bestätigt: Der Hafenausbau kommt, Doel muss weichen. Fast alle der 1.000 Bewohner zogen weg, auch weil für ihren Besitz gute Preise bezahlt wurden. 22 Menschen blieben, dazu ein Café und die Kirche. Doel wurde für 30 Jahre zum Geisterdorf und nur alle Jubeljahre als Filmkulisse genutzt. Daran änderten auch ein paar Künstler und Hausbesetzer nichts, die einige der zugenagelten Häuser bezogen und trotzig auf Wände schrieben: Dieses Haus ist bewohnt.

2021 dann der gänzlich unerwartete Umschwung. Der Hafen wächst an anderer Stelle, Doel kann bleiben. Und die Region Flandern finanziert die Renovierung von Kirche und Mühle im Ort.

Adresse Doel, 9130 Beveren | ÖPNV Bus 31, Station Doel Dorp | Tipp Kaum irgendwo gibt es so viele Schlösser wie in Flandern. In Beveren, dem Hauptort zu Doel, allein vier: die Wasserburg Cortewalle, Hof ter Saksen, Hof ter Welle und Kasteel Walburg mit Restaurant. Auch Schloss Wissekerke in Bazel ist nicht weit.

46 Die Globen

Die Prunkstücke des Nottebohmsaals

Sie schmücken das Kopfende der höchst beeindruckenden Bibliothek: das Globenpaar von Joan Blaeu aus den Jahren 1645 bis 1648, ein Himmels- und ein Erdglobus von je 68 Zentimeter Durchmesser. Joan Blaeu (1596–1673) übernahm Firma und Wissen von seinem Vater Willem Janszoon Blaeu, der seinerseits Schüler von Tycho Brahe war. Die Karten von Vater und Sohn waren so präzise, dass sie die offiziellen Kartografen der Niederländischen Ostindien-Kompanie waren und damit Basis für den enormen wirtschaftlichen Aufschwung. Beide reich verzierten Globen, die größten ihrer Zeit, sind von einem Mittelring aus Messing und einem hölzernen Horizontkreis eingefasst und stehen auf Säulen, die auf einer beweglichen Scheibe befestigt sind, um den Globus norden zu können. In ihnen bündelt sich das Wissen ihrer Zeit.

Um aber die Bedeutung der beiden Globen einzuordnen, darf man nicht allein das enorme Wissen und das handwerkliche Geschick ihrer Schöpfer betrachten. Der Erdglobus besteht aus 36 handkolorierten ovalen Zapfen, deren auf Kupferplatten gedrucktes Papier einzeln auf die Kugel aus Gips und Papier geleimt wurde. Man muss sie auch historisch bewerten. Amerika war seit 150 Jahren entdeckt, und Magellan hatte sowohl dessen Südspitze als auch die von Afrika auf der Suche nach den Gewürzinseln umsegelt, doch noch im Juni 1633 verurteilte die heilige Inquisition Galileo Galilei wegen Ketzerei. Der berühmte Gelehrte und Astronom vertrat in einer Schrift ein heliozentrisches Weltbild und erklärte, die Erde sei nicht Mittelpunkt des Universums.

Dies Wissen war selbst damals alles andere als neu, der katholischen Kirche aber weiterhin ein Gräuel. Der Satz »Und sie bewegt sich doch« ist allerdings in und nach dem Prozess nie gefallen, so wie auch keine Folter zur Anwendung kam. Es gab schon 100 Jahre zuvor erste Globen, sogar im Vatikan, aber die standen im Widerspruch zur offiziellen Lehre der Kirche.

Adresse Hendrik Conscienceplein 4, 2000 Antwerpen, Tel. +32/(0)3/3388710, www.consciencebibliotheek.be | ÖPNV Tram 7, Station Keizerstraat; Tram 11, Station Melkmarkt | Öffnungszeiten Nottebohmsaal: Mitte April – Sept. Di – So 10 – 17 Uhr, nur mit Führung | Tipp »Bonjour Maurice« heißt ein verstecktes Café mit viel Geschichte im ehemaligen Godshuis / Armenhaus (Korte Nieuwstraat 22).

47 Die Hafentour

Unerlässlich, ob mit Boot oder Bus

Mit einer Gesamtfläche von über 150 Quadratkilometern – von denen lediglich 22 mit Wasser bedeckt sind – und einem Jahresumschlag von rund 230 Millionen Tonnen Fracht ist der Hafen von Antwerpen der zweitgrößte Europas. Er wuchs stetig, seit am Ende des 15. Jahrhunderts Brügges Meereszugang versandete und der Handel sich nach Norden an die Schelde verlagerte. Seitdem ist der Hafen Motor und Garant für die Wirtschaft von Stadt und Region. Zieht man um den Hafen einen Kreis von 500 Kilometer Durchmesser, befinden sich darin Amsterdam, Paris, Brüssel, London, Köln und das Ruhrgebiet und damit über 60 Prozent der Kaufkraft Europas. Eine Hafentour ist daher ein Muss, am besten per Boot, aber auch per Bus oder mit dem Rad ist sie höchst beeindruckend. Besucher sollten sich dieses Erlebnis nicht entgehen lassen.

Die meisten Expeditionen beginnen im alten innerstädtischen Hafen rund um Eilandje. Der ist zwar selbst nicht mehr Ziel der Frachtschiffe, die aus der Nordsee den 80 Kilometer langen Trichter der Scheldemündung hinauffahren, aber nur im Vergleich zu dessen nicht gerade kleinen Becken gewinnt man eine Vorstellung von der gewaltigen Ausdehnung der neuen Hafenanlagen. Landratten erscheinen schon die alten Docks riesig. Wie winzig sie gegenüber den modernen Containerterminals vor den Toren der Stadt sind, erkennt man am besten aus der Luft. Selbst Riesenkähne mit 20.000 TEU (20-Fuß-Standardcontainer) finden Schleusen und Kais, die zu ihren Maßen von über 400 Meter Länge und 60 Meter Breite passen.

Die Schiffe der Reederei Flandria, auf denen die Hafentouren stattfinden, bieten Platz für 250 Personen, aber sie wirken vor den Ozeanriesen wie Spielzeugboote. Die Kameraobjektive der Passagiere erfassen meist nur eine Wand aus Stahl, selten das gesamte Schiff. Die drei Schleusen von der Schelde in die Hafenbecken zu beiden Seiten des Flusses gehören zu den größten der Welt.

Adresse Flandria, Kattendijkdok-Oostkaai (Asiadok) 22, 2000 Antwerpen, Tel. +32/(0)3/2313100 oder +32/(0)486/912957, www.flandria.nu | ÖPNV Tram 24, Station Londen; Tram 7, Station MAS | Öffnungszeiten täglich verschiedene Touren, Infos siehe Website | Tipp Visit Antwerpen (Het Steen) und der MAS-Hafenpavillon bieten kostenlose Fahrradkarten für das Hafengelände. Darin sind Wege zu den Mega-Schleusen Zandvliet, Berendrecht und Kieldrecht verzeichnet, mit Längen von 400 bis 500 Metern.

48 Der Handbaum

Das bestversteckte Denkmal der Stadt

Gut versteckt unter dem Durchgang zum Ruckersplaats, hinter dem Vleeshuis, steht ein nur selten beachtetes Denkmal: ein Bronzearm, aus dem vier Hände in Form eines Brunnens oder auch einer Wandleuchte hervorragen. Eine ausgesprochen expressive Statue mit vier flehentlich ausgestreckten, wie zum Betteln gewölbten Händen. Doch um was bitten sie? Die Gedenktafel daneben liefert nur dürftige Hinweise auf die Einweihung der Skulptur 1978 im Rahmen der Renovierung des Viertels und den Schöpfer, den Bildhauer Sam Herciger. Hände, Antwerpens Wahrzeichen, waren offenbar die Inspirationsquelle des Künstlers, aber sonst bleiben vor allem Fragezeichen.

Sam Herciger, 1917 in Zawiercie in Polen geboren und 1981 in Arad, Israel, gestorben, war Bildhauer und Kupferstecher jüdisch-orthodoxer Herkunft. Auf der Flucht vor den Nazis wurde er zweimal in Frankreich verhaftet. Beim ersten Mal konnte er freikommen, beim zweiten Mal wurde er nach Auschwitz deportiert. Anders als seine erste Frau überlebte er Lager und Todesmarsch und landete schließlich in Brüssel, wo er sein Kunststudium fortführte. 1956 heiratete Herciger die Malerin Edith Beck, lebte mit ihr und zwei Kindern im jüdischen Viertel von Antwerpen in der Lange Leemstraat 184, bis das Paar zwei Jahre vor Sams Tod nach Israel auswanderte. Hercigers Kunst nahm sich im Lauf der Jahre zunehmend jüdischer Themen an, mithin seiner eigenen Herkunft und den durchlebten Erfahrungen während des Faschismus. Bitten also die Hände um Erlösung und Gnade?

Das Vleeshuiskwartier wurde zwischen 1978 und 1988 im Rahmen der Innenstadterneuerung als großer Komplex von Sozialwohnungen geschaffen – ein geschlossener Gebäudeblock ohne Autoverkehr rund um zwei Innenhöfe namens Bullinckplaats und Ruckersplaats. Sam Hercigers Handdenkmal symbolisiert in erster Linie, dass mit diesem neu geschaffenen Stadtteil der alten Innenstadt ihr Herz zurückgegeben wurde.

Adresse Vleeshouwerstraat 5, 2000 Antwerpen | ÖPNV Tram 7, Station Klapdorp; Tram 4, Station Groenplaats | Tipp Im Bahnhof steht die silberne »Hand of Peace« von Yan ShuFen. Das MAS ist mit 1.000 gespendeten Händen verziert und bietet Platz für gut 2.000 weitere. Die riesige Steinhand auf dem Meir ist eine Teilkopie des größeren Werks »Écoute« von Henri de Miller, das im Original in Paris zu finden ist.

49 Die Handjes

Tradition und Geschichte vom Chocolatier

Der römische Soldat Brabo, so erzählt die Legende, besiegte an einer Scheldefähre den Riesen Druon. Weil Druon, der Antwerpen seit Urzeiten tyrannisierte, seinen Widersachern die Hände abzuschneiden pflegte, schnitt Brabo nun ihm die Hand ab und warf sie in den Fluss. Nach dem Mythos soll selbst der Name der Stadt von »hand werpen« abgeleitet sein. Die Mär fand Widerhall im Brabo-Brunnen vor dem Rathaus, im Wappen der Stadt (de facto symbolisiert die rechte Hand das Stapelprivileg und die linke die Zollfreiheit) und seit 1833 auch im Logo der Brauerei De Koninck.

1934 erfand der jüdische Bäcker Jos Hakker für einen Wettbewerb einen Keks aus Sauerteig und Mandeln, der sich auf die alte Sage bezog: Die ersten Handjes sollten Werbung für die Stadt machen. Im Krieg hatten die Stadt und der Bäcker dann wichtigere Probleme. 1956 wurden die wiederentdeckten Handjes zur Aufgabe der Gesellenprüfung und anschließend an Passanten auf dem Meir verteilt.

Der Meister-Chocolatier René Goossens gründete 1955 ein Geschäft für feine Pralinen. Er kreierte eine handförmige Schokoladenpraline, gefüllt mit feinem Marzipan, das im Likör Elixir d'Anvers getränkt wurde. So wurden 1982 die »antwerpse handjes« ein zweites Mal erfunden.

Keks wie Praline sind anerkannte und ausgezeichnete Regionalprodukte und vor allem ein besonderer Genuss. Die Chocolaterie wird unterdessen in zweiter Generation von Sohn Erik Goossens geführt, der seinerseits schon für die belgische Königin und den amerikanischen Präsidenten spezielle Pralinen produziert hat. Natürlich bietet seine Chocolaterie weiter die Original-Handjes, und die erzeugen die gleichen Glücksgefühle wie eh und je. Maître Goossens hat aber auch neue emblematische Pralinen erdacht: funkelnde Diamanten aus gefüllter weißer Schokolade, einen Europastern oder eine mit dem Rubens-R verzierte Köstlichkeit. Selbstverständlich alles reine Handarbeit.

Adresse Goossens, Isabellalei 6, 2018 Antwerpen, Tel. +32/(0)3/2391310, www.goossens-chocolatier.com | ÖPNV Tram 2, 4, 6, 15, Bus 296, 296, Station Lange Leemstraat | Öffnungszeiten Mo–Sa 9–18 Uhr | Tipp Jos Hakker hat den Krieg überlebt. Mit 66 anderen Gefangenen floh er am 15. Januar 1943 aus einem Deportationszug nach Auschwitz-Birkenau und schloss sich dem Widerstand an. Die Dauerausstellung »Stadt im Krieg« im MAS beleuchtet Widerstand wie Kollaboration.

50 Der Handschuhshop

Maßgefertigtes im Art-déco-Interieur

1884 gründeten zwei Italiener ein zentrumsnahes Geschäft für noble Handschuhe, Maßanfertigungen für Damen wie Herren. Antwerpen war damals reich, aber lange noch keine bedeutende Stadt der Mode. 1920 übernahm Arthur Boon die Ganterie am Lombardenvest. Er ließ das Geschäft im Stil der Zeit umbauen, will heißen: Es wurde vom Eingang über das Schaufenster bis zur Registrierkasse komplett in Art déco eingerichtet. Und so präsentiert sich Handschoenen Boon bis heute.

Die gesamte Inneneinrichtung, Regale und Schubkästen stehen zu Recht unter Denkmalschutz. Allein der Besuch des Ladens erzeugt Glücksgefühle. Kein Kulissenbauer könnte das erfinden, so umwerfend schön ist schon allein das Interieur.

Keine Frage: Die Handschuhe in jeder denkbaren Farbe und Größe, ob kurz oder armlang, halten mit der optischen Qualität des Geschäfts jederzeit mit. Ebenso die kundige Beratung im gediegenen, inzwischen in vierter Generation betriebenen Familienunternehmen. Die Handschuhe der Ganterie Boon werden weiter in traditionsbewussten, zumeist kleinen Familienbetrieben handgefertigt, vom Färben über das Zuschneiden bis zum Nähen, ob aus Rinds-, Hirsch-, Nappa- oder gar Pekari-Leder, ob mit Seide oder Kaschmir gefüttert. Es gibt Handschuhe für Sommer und Winter, auch Fäustlinge, Fingerlinge oder solche speziell für Piloten oder Autofahrer, gleichermaßen für Frauen wie Männer. Neukunden wundern sich bisweilen, wie relativ preiswert sie doch sind, setzt man sie gar in Relation zu anderen handgefertigten Kleidungsstücken. Nur wer spezielle Ledersorten wie zum Beispiel Strauß, Krokodil oder Fisch sucht, muss tiefer in die Tasche greifen.

Ein großartiges Geschäft – sicher das letzte seiner Art in Antwerpen. Man wird in ganz Europa suchen müssen, um einen vergleichbaren Handschuhladen zu finden, und selbst in Paris gibt es kaum etwas, was dem in Optik, Stil und Qualität standhielte.

Adresse Ganterie Boon, Lombardenvest 2, 2000 Antwerpen, Tel. +32/(0)3/2323387, www.glovesboon.be | ÖPNV Tram 3, 4, 5, 7, 9, 15, Bus 181, 183, Station Groenplaats | Öffnungszeiten Mi–Sa 11–18 Uhr | Tipp Der Parapluwinkel Van Der Wee (Groenplaats 20) ist seit 150 Jahren Fachgeschäft für Regen- und Sonnenschirme, Geh- und Spazierstöcke aller Art. Im Schaufenster heute eher Geschenkartikel, Tiffany-Lampen und Nippes.

51 Das Havenhuis

Die Krönung der Zaha Hadid

Was die irakisch-britische, mit dem Architektur-Oscar Pritzker-Preis ausgezeichnete Architektin Zaha Hadid (1950–2016) da in den Hafen gesetzt hat, ist mit »eindrucksvoll« nicht ansatzweise treffend charakterisiert. Die richtigen Adjektive für ihr Hafenhaus zu finden, ist fast unmöglich. Eher eine Skulptur denn ein Gebäude, spielt es mit unterschiedlichen Anklängen an die Stadtgeschichte. Über einem klassizistischen Bau am Kopfende des Kattendijkdok scheint, je nach Perspektive, ein riesiger Diamant oder ein Schiff zu schweben.

2007 entstand der Plan, die Hafenbehörde in einem einzigen Gebäude zusammenzufassen und darin alle 500 Mitarbeiter unterzubringen. Die auserkorene ehemalige Hafenfeuerwehr war allerdings viel zu klein, sollte aber unbedingt als Denkmal erhalten bleiben. Der rechteckige Bau, zwischen altem und neuem Hafenbecken gelegen, zeigt vier fast identische Fassaden, ein Anbau hätte die nach allen Seiten gleiche Ausrichtung zerstört.

Hadid gewann den Wettbewerb mit einer brillanten Idee: ein neues Haus, das über dem alten schwebt, es dabei kaum berührt und gleichzeitig die Längsachse, mithin die Verbindung zwischen beiden Häfen, betont. Ihr in sich gedrehter und leicht gekippter Riegel aus 2.000 dreieckigen Glasscheiben erinnert an einen Schiffsrumpf, die riesige vordere Stütze, auf der er ruht, an einen Hafenkran. Die Glasfassade spiegelt die Farben der Umgebung und schimmert wie Licht im Wasser. An der spitzen Front sind die mattierten Glasdreiecke flach aneinandergelegt, im nach hinten sich stark verbreiternden Bau dann aufgeworfen, Wellen und Kanten bildend. Die vordere Stütze des Neubaus wird optisch betont, die hintere dagegen im Innenhof des Altbaus verborgen.

Der atemberaubende, im Jahr nach dem Tod der Architektin endgültig fertiggestellte 55-Millionen-Euro-Bau war vom ersten Tag an ein neues Wahrzeichen für Antwerpen.

Adresse Entrepotkaai (Zaha Hadidplein) 1, 2000 Antwerpen, Tel. +32/(0)3/2052011, www.portofantwerpbruges.com | ÖPNV Tram 24, Station Havenhuis | Öffnungszeiten Mo–Fr 8–18 Uhr, nur geführte Touren | Tipp »Dinieren im Baumdenkmal« heißt die Devise im Het Pomphuis. Die Qualität der Karte entspricht der des eindrucksvollen Äußeren der ehemaligen Pumpstation eines Trockendocks. Von der Sommerterrasse aus überblickt man den Hafen.

52 Das Hessenhaus

Das rot-weiß gestreifte Lagerhaus

Ob man sich über Falconrui oder Hessenbrug nähert, auf den ersten Blick erfasst man die enorme Größe des frei stehenden Eckhauses kaum, auffällig ist zunächst die rot-weiß gestreifte Fassade. Auf den zweiten Blick zeigt sich dann, dass die Front von den zwei großen, rundbogigen Einfahrtstoren über die beiden Erkergauben an den Ecken bis zu den Fenstern und Türen exakt in der Mitte gespiegelt ist. Das gilt tatsächlich für das gesamte Haus. Dessen Farbgebung resultiert aus übereinander gemauerten Streifen aus Ziegel- und Sandstein. Das Ergebnis dieser traditionellen Bauweise ergibt zwar eine Analogie zu den hessischen Farben, zeichnet aber nicht verantwortlich für den Namen des imposanten Baus.

Eine gewisse Anna Janssens ließ um 1564 das mächtige Lagerhaus unweit von Willemdok und Godefriduskaai im Renaissancestil mit Kontoren und Stallungen für deutsche Kaufleute errichten. Und die kamen mit ihren voll beladenen sogenannten Hessenwagen vornehmlich aus Mainfranken – daher der Name. Mevrouw Janssens war eine Ausnahmeerscheinung. Nach dem Tod ihres Mannes übernahm sie die Geschäfte und managte sehr erfolgreich das Handelsimperium, das aus zwei Brauereien mit Handelsverbindungen von Antwerpen nach Deutschland, England, Spanien bis auf die Kanaren bestand. Bei ihrem Tod galt die Witwe als eine der reichsten Frauen der Stadt. Die Einnahmen aus dem Hessenhaus haben sicher dazu beigetragen, denn der Mietzins für das im Inneren dreischiffige Lager mit mehreren Stockwerken auf der Grundfläche von 20 mal 80 Metern dürfte erklecklich gewesen sein.

In späteren Jahren hat das Hessenhaus unterschiedlichsten Zwecken gedient. Es war unter anderem protestantisches Gebetshaus, Kaserne und Feuerwehrhaus. Es hat danach Werkstätten und Kunstgalerien ausreichend Raum zur Entfaltung geboten, und in den letzten Jahren ist es vor allem beliebt für Partys der Gay Community.

Adresse Falconrui 73–79, 2000 Antwerpen | ÖPNV Bus 17, Station Hessenbrug | Tipp Ebenfalls sehr imposant ist das benachbarte ehemalige Kaufhaus La Cloche / De Klok, 1910 nach Entwürfen des berühmten belgischen Architekten Joseph Hertogs (1861–1930) in einem an das frühe Bauhaus gemahnenden Stil errichtet.

53 Das Hoffy's

Cholent und gefilte Fisch

Wie das riecht! Und wie es erst schmeckt! Wie bei Großmutter – vorausgesetzt, die war eine sehr, sehr begabte Köchin. Damit könnte das Kapitel auch schon enden. Mehr muss man schließlich über ein Restaurant nicht wissen, als dass die dort servierten Gerichte, ob nun als Take-away oder im angeschlossenen kleinen Lokal, schlichtweg glücklich stimmen. Doch zum Hoffy's gehört seine Historie. Denn es ist ein koscheres jiddisches Restaurant, und so hat nicht nur die Küche eine sehr lange – vornehmlich, aber nicht ausschließlich – aschkenasische Tradition, sondern auch die Gebrüder Hoffmann haben eine Geschichte.

Genau wie die so vieler anderer Menschen, sagen die Hoffmann-Brüder, sei auch die ihre voller Leid und Angst, voller Freude und Beharrlichkeit. Die Kurzfassung lautet: Ihre Mutter arbeitete in einer Budapester Bäckerei, überstand dort unerkannt den Naziterror. Der Vater überlebte das Lager Mauthausen. 1945 zurück in Antwerpen, gründeten beide ihre Familie und ein Fischgeschäft in der Lange Kievitstraat im orthodoxen Viertel. Der Fischhandel ist noch heute in Familienbesitz. Nebenan kam das Lebensmittelgeschäft Fruithof dazu. 40 Jahre später eröffneten dann vier ihrer Söhne, Benjamin, Moshi, Lazer und Yankel, ein Restaurant im Diamantenkring in der Hoeveriestraat. Ein phänomenaler Erfolg – und doch: Die Brüder waren nicht zufrieden. Das große Lokal war ihnen zu unpersönlich, und so zogen sie nach nur einem Jahr in die Lange Kievitstraat, gegenüber dem Fischgeschäft der Eltern.

1986 war das Geburtsjahr des Hoffy's. Und das ist ein Küchenparadox: ultraorthodox und superhip, koscher und cool, alles in einem. Es gibt Latkes und Holischkes, Cholent und gefilte Fisch, Kiegel, Kishkes und Schnitzel. Ein Teil des Erfolgs sind alte Familienrezepte. Außerdem hat Moshi Hoffmann als erster und einziger ultraorthodoxer Jude am PIVA (Provinciaal Instituut Antwerpen) Gastronomie studiert.

Adresse Lange Kievitstraat 52, 2018 Antwerpen, Tel. +32/(0)3/2343535,www.hoffys.be | ÖPNV Bus 17, 20, 21, 32, Station Lange Kievitstraat | Öffnungszeiten So–Do 10–22 Uhr, Fr 8–15.30 Uhr | Tipp Israelisches Streetfood boomt in Europas Metropolen. In Antwerpen ist das »Shuk« the place to be. Ika und Molly Zaken, bei Ferrandi in Paris ausgebildet und mit einem Gault-Millau-Stern ausgezeichnet, servieren Pita, Mezzes und mehr (Minderbroedersrui 64).

54 Die Holzfassade

Das Geheimnis der schmalen Gasse

Die Stoelstraat ist eine in groben Straßenkarten nicht verzeichnete schmale Altstadtgasse hinter dem Großen Markt. Ortskundige nutzen sie als Abkürzung zwischen Zirk- und Zwartzustersstraat. Und sie birgt ein Geheimnis. Sie beginnt gegenüber dem alten Patrizierhaus »De Gulden Handt«, zu erkennen an der geschnitzten Männerhand über dem zweiflügeligen Holzportal. Am Haus Stoelstraat 11 laufen die meisten Passanten eher achtlos vorbei, dabei handelt es sich um die älteste und vor allem letzte Holzfassade der ganzen Stadt.

Der dreigeschossige Bau zeigt mit dem Spitzgiebel zur Gasse. Im Erdgeschoss befinden sich vier große Bleiglasfenster neben der Eingangstür, alle fünf Joche sind mit quadratischen Oberlichtern versehen, ebenfalls aus Bleiglas. Das zweite, leicht auskragende Stockwerk ist mit Holz beplankt, und vier an der Zentralachse des Hauses gespiegelte Fenster lassen Licht ins Gebäude. Der verzierte Spitzgiebel, wiederum leicht auskragend, bietet dann nur noch zwei Fenster. Aus dem Giebel ragt der Firstbalken als Lastkran heraus. Der Zweck des Auskragens der jeweils oberen Stockwerke war nicht Brandschutz; so beugte man dem Verrotten der Holzplanken durch herablaufendes Regenwasser vor. Die fast schwarze Farbe der Holzfassade ist allerdings eine Lasur und nicht – wie früher ebenfalls aus Gründen des Holzschutzes üblich – durch Abflämmen entstanden. Das verdeutlicht, dass die Fassade nicht aus dem ursprünglichen Baujahr des Hauses 1546 stammt, sondern neueren Datums ist.

1972 wurde das gesamte Gebäude mit Mitteln aus dem Artistenfonds des Rockoxhauses von Grund auf renoviert. Dabei wurde der Funktion – und wohl auch dem Baupreis – Vorrang vor wirklich denkmalgerechter Sanierung eingeräumt, auch wenn die Optik nicht grundlegend verändert wurde. Gleichwohl ist es die älteste Holzfassade der Stadt, die an das mittelalterliche Erscheinungsbild der Gassen erinnert.

Adresse Stoelstraat 11, 2000 Antwerpen | ÖPNV Tram 7, Station Klapdorp | Öffnungszeiten in Privatbesitz, von außen jederzeit | Tipp Das nach Bürgermeister Nicolaas Rockox benannte Rockoxhaus (Keizerstraat 10–12) zeigt neben rekonstruiertem Mobiliar aus dem 17. Jahrhundert Werke von Rubens, Van Dyck, Brueghel und anderen.

55 Der Inder

Soulfood im Mission Masala

In den USA beginnen Erfolgsgeschichten in Hinterhofgaragen, in Antwerpen im Foodtruck. So auch die von Tim Van den Heuvel und seiner Partnerin Pavan Bajwa. Rund um einen quietschbunten Transporter gründeten die beiden vor rund zehn Jahren – zwar ohne nennenswerte gastronomische Erfahrung, aber mit viel Enthusiasmus ausgestattet – ihr erstes Business: original indisches Streetfood für den kleinen Hunger und schmalen Geldbeutel, aus dem umgebauten Kleinlaster direkt auf die Hand.

Die studierte Produktdesignerin Pavan brachte aus der Familientradition Rezepte für Samosas, Butter Chicken Delhi Style, Muschel- und Krabbencurrys und viele gut gewürzte vegetarische Speisen ein. Das Konzept funktionierte auf Anhieb so gut, dass am Troonplatz im Antwerpener Süden ziemlich schnell ein erstes festes Restaurant eröffnet wurde: das Mission Masala Bombay BBQ. Eine einladende Terrasse unter Sonnenschirmen vor einem indisch-bunt gestrichenen Lokal voller Bollywood-Plakate. Die Bar hinter starkem Metalldraht, dazu offenes Grillfeuer und der Duft von Curry. Was die Dekoration angeht, könnte man ebenso in Mumbai oder Bangalore sein. Das Soulfood-Lokal wurde umgehend ein Treff für Fans guter Küche. Keine vorgekochten Fertigprodukte, sondern erstklassige Handarbeit von Profis, was im Übrigen auch für die Drinks – ob mit oder ohne Alkohol – gilt.

Nach fünf Jahren hätte sich das Paar zum eigenen Erfolg beglückwünschen und beschließen können, es fortan ruhiger anzugehen. Nicht so Tim und Pavan. Zum mietbaren Foodtruck und dem Restaurant kamen ein Liefer- und Cateringservice, dann ein weiteres Restaurant in Gent und schließlich auch eines in der Hauptstadt, am Brüsseler Place Eugène Flagey. Die Nachfrage sei so groß, man habe sie zu diesem Schritt gedrängt, erklären die beiden. Das Wichtigste für Gäste: Die schnelle Expansion ist nicht auf Kosten der Qualität gegangen.

Adresse Troonplaats, 2018 Antwerpen, Tel. +32/(0)3/5016010, www.missionmasala.be | ÖPNV Tram 10, Bus 13, 14, Station Broedermin; Bus 180–183, Station Troonplaats | Öffnungszeiten Di–So 18–22 Uhr | Tipp Rund um den Troonplaats ist eine junge Kneipenszene entstanden. Das türkisch geprägte einstige Arbeiterviertel Brederode mausert sich, und das wunderbare Treppenhaus des 58 Meter hohen Turms von Den Bell in der Diercxensstraat – heute Arbeitsamt, früher Sitz der Telefongesellschaft Graham Bell – ist eine Augenweide.

56 Der Juwelier

Antike Preziosen beim Experten

Leicht orientalisch und fast ein bisschen aus der Zeit gefallen wirkt die dunkelgrüne, goldverzierte Fassade des Adin in der Vestingstraat, einer Gasse am Rand des Diamantenviertels. Das passt, denn hier sucht, kauft, verkauft und restauriert man antiken Schmuck. Die jüngsten Stücke sind Pop-Art-Unikate aus den 1970er Jahren, das meiste ist erheblich älter. Hier fragten die Produzenten des Films »The Da Vinci Code« nach, ob der Filmschmuck auch authentisch genug sei.

Sowohl das handwerkliche Können als auch die Expertise von Chef und Gründer Elkan Wijnberg sind (nicht nur) bei Kennern berühmt. Sein profundes Wissen schätzen Kunden aus aller Welt, von Whoopi Goldberg bis zum Königshaus von Kuwait. Und doch gelten die Preise im Adin als vergleichsweise zivil, reichen offiziell von 50 bis 50.000 Euro. Wie im Film »Frühstück bei Tiffany's« könnte sich also auch hier der bezahlbare kleine Ring finden.

1983 gründete Wijnberg, soeben als Goldschmiedemeister geprüft, gemeinsam mit Henri Edel das Geschäft, das er inzwischen allein führt. Der biblische Begriff »adin« bedeutet angenehm, fein, aber auch nobel. Der Name ist Programm – und Elkan Wijnberg unterdessen geschätztes Mitglied der belgischen, britischen und amerikanischen Gesellschaft der Juweliere. Der ausnehmend freundliche Herr kann tage- und nächtelang über Schmuck und seine Bedeutung philosophieren, wenn er neben seinen vielen Aktivitäten, unter anderem Imkerei, die Zeit findet.

Im Umgang mit Edelsteinen ist Meneer Wijnberg hochkreativ und sehr modern. Schon 1999 startete er ins Internetzeitalter, im diskreten Schmuck- und Diamantengeschäft bis heute nicht selbstverständlich. Er berät Kunden so umfassend wie möglich, was Preisinformationen einschließt, selbst beim Weiterverkauf. Doch wichtiger ist ihm der Augenblick, wenn eine Kundin sich spontan verliebt, sei es in eine Jugendstil-Brosche, einen Ring oder ein Collier.

Adresse Adin, Vestingstraat 16, 2018 Antwerpen, Tel. +32/(0)3/21365 00, www.adin.be | ÖPNV Tram 2, 6, 9, 15, Station Diamant; Bus 191, Station Quellin | Öffnungszeiten Mo–Fr 10–17 Uhr, Voranmeldung sinnvoll | Tipp Das International Gemological Institute ist weltweit das größte Zertifizierungsunternehmen für Edelsteine aller Art. Im S-Bogen der Gassen Schupstraat, Hoveniersstraat und Rijfstraat finden sich nahezu ausschließlich Diamantenhändler.

57 Die Käserei

Affineure aus Tradition

Kurz nachdem das »Wall Street Journal« sie als »Käsekönige« gefeiert hatte, wurde das Stammhaus der Familie Van Tricht im Vorort Berchem geschlossen. Der Erfolg der anderen Geschäftszweige war zu groß geworden, alles zusammen konnte nicht länger gestemmt werden. So wurde das vom Großvater gegründete Geschäft verkauft. Erhalten blieben der Käseladen Only Cheese in der Brauerei De Koninck, der internationale Versand und – die Basis des Erfolgs – der Betrieb zur Käseveredelung in Antwerpen-Wilrijk. Denn die erlesenen Produkte der Van Trichts zieren die Speisekarten von Sternerestaurants in Antwerpen, Belgien und weit darüber hinaus, von New York bis Abu Dhabi.

Die Männer der Van Trichts sind Affineure in der dritten Generation. Ein »Maître fromager affineur« widmet sich der Vollendung und Verfeinerung von Käse, kennt jeden Schritt des Prozesses von der Milch – ob von Ziege, Schaf oder Kuh – bis zum fertigen Käse. Es beginnt bei der Futterzusammensetzung der Tiere und dem Grundgeschmack der Milch, führt über die Zugabe von Kräutern, Honig und anderen Aromen und endet bei den Lager- und Reifungsprozessen der Laibe. Weißschimmelkäse benötigt andere Temperaturen und Luftfeuchtigkeit als Rot- oder Blauschimmel, um das volle Potenzial zu entfalten. Manche Sorten müssen jahrelang lagern, werden mit Wein, Bier oder Salzlake behandelt. In Wilrijk sorgen ein Dutzend Räume für die jeweils besten Konditionen.

Auch durch den gläsernen Boden im Only Cheese schaut man auf Käsedarren im Keller. Eine Spezialität von Vater Michel und Sohn Frédéric ist die Veredelung mit Bier. Überhaupt finden sie, Bier passe besser zu Käse als Rotwein. Dessen Tannine vertrügen sich nicht mit dem Fettgehalt des Käses, betonten die Bitterkeit des Weins und überdeckten die Cremigkeit des Käses. Das Fett im Käse lege einen Film über die Zunge, die Kohlensäure des Bieres löse ihn wieder auf. Das sei die perfekte Harmonie.

Adresse Only Cheese by Kaasaffineurs Van Tricht, Boomgaardstraat 1–3, 2018 Antwerpen, Tel. +32/(0)478/761073, www.kaasmeestervantricht.be | ÖPNV Tram 7, 15, Station Berchem De Merode; Tram 2, 6, Station Provinciehuis; Bus 30, Station Haringrodestraat | Öffnungszeiten Di–Sa 9–18 Uhr, So 8.30–13 Uhr | Tipp Die Brauerei De Koninck bietet auf ihrem Gelände weitere Fachgeschäfte, vom »Butcher's Store« bis zum Eisladen »Jitsk«. Das Provinciehuis am Schoenmarkt ist auffällig, und seine gedrehte Form dient dazu, die Nachbargebäude weniger zu verschatten.

58 Die Kasematten

Bastion gegen Eindringlinge aller Art

»De Kat« heißt auf Niederländisch der zweieinhalbstöckige weiße Halbkreis von zwölf Kasematten im Zentrum der Sternschanze Fort Liefkenshoek, eine der ältesten Verteidigungsanlagen um Antwerpen, gebaut im 17. Jahrhundert im Auftrag König Willems von Oranien zur Verteidigung gegen das habsburgische Spanien. Am besten erreicht man das Fort am linken Scheldeufer mit dem Waterbus direkt ab Het Steen, inklusive toller Ausblicke auf die Hafenanlagen. Mit dem Auto ist es ungleich komplizierter – über die E34 Richtung Rotterdam –, weil Liefkenshoek sich mitten im modernen Hafengelände befindet. Egal, auf welchem Weg: Sobald man angekommen ist, befindet man sich im Grünen, die Industrieanlagen sind wie ausgeblendet.

Bei der Belagerung Antwerpens 1584 eroberte Alessandro Farnese, italienischer Feldherr in spanischen Diensten, Liefkenshoek, schnitt mit einer Bootsbrücke zum gegenüberliegenden Fort Lillo die Stadt vom Meer ab und gewann so die Schlacht. Das südliche Flandern blieb im Besitz der spanischen Krone, Liefkenshoek und Lillo wurden dagegen Teil der sieben freien Provinzen der Niederlande. Bis 1839 blieben beide Forts holländische Exklaven, erst neun Jahre nach der Unabhängigkeit Belgiens kamen sie zum Königreich.

Zwischen 1843 und 1952 diente Liefkenshoek als Quarantänezentrum für kranke Einwanderer und Seeleute. Die heutige Bebauung stammt im Wesentlichen aus der französischen Zeit, als das Fort, das weiter die Schelde zwischen Antwerpen und der Nordsee kontrollierte, Teil der napoleonischen Militärstrategien gegen England wurde. Daher auch der Name »de Kat«: erhöhte und vorgebaute Geschützstellungen werden im Französischen als »Katze« bezeichnet.

Die sehenswerte und auch für Kinder bestens geeignete Ausstellung erklärt neben der medizinischen und der militärischen Nutzung auch die Industrialisierung des Hafens und vor allem die Trockenlegung der Polderlandschaft.

Adresse Ketenislaan 4, Haven 1974, 2140 Antwerpen-Kallo, Tel. +32/(0)3/7501580 und +32/(0)3/7501290, www.beveren.be/nl/fortliefkenshoek | ÖPNV Waterbus ab Het Steen | Öffnungszeiten Mi – So 9.30 – 17 Uhr | Tipp Es lohnt sich, mit dem Waterbus nach Lillo überzusetzen. Das Schwesterfort beherbergt das Poldermuseum und gilt völlig zu Recht als eines der schönsten Dörfer Belgiens.

59 Das Kaufhaus

Beaux-Arts für Leonhard Tietz

Der Weg vom Bahnhof ins Zentrum führt zwangsläufig am Beaux-Arts-Palast vorbei, wo sich die beiden Einkaufsmeilen Leystraat und Meir treffen. Die meisten Passanten gehen achtlos vorüber – oder zum Einkaufen hinein –, das Haus selbst wird eher selten beachtet. Ein Fehler, denn Hinschauen lohnt sich. Der Bau neben dem Denkmal für den Antwerpener Maler David Tennier mit seinen großen Kuppeln und goldenen Figurinen macht etwas her. Eine Inschrift im Übergang zum Stadsfeestzaal erinnert an den Bauherrn.

Heute gehört das Kaufhaus zur Inno-Kette, dem belgischen Teil der Galeria-Kaufhof-Gruppe. Entstanden ist der monumentale Beaux-Arts-Bau aber im Jahr 1901 als »Grands Magasins Leonhard Tietz«, nach einem Entwurf des Architekten Joseph Hertogs. Leonhard Tietz (1849–1914), ein jüdischer Kaufmann aus Birnbaum an der Warthe, eröffnete 1879 in Stralsund sein erstes Reifen- und Garngeschäft. Rasant entwickelte sich daraus ein Kaufhausimperium nach französischem Vorbild mit umfassendem Angebot einerseits und Festpreisen andererseits. Ausgehend von Barmen und Elberfeld entstanden in schneller Folge repräsentative Kaufhäuser in Köln, Aachen und Düsseldorf, dann in Brüssel, Brügge und Antwerpen. Nach dem Tod des Vaters führte Alfred Tietz die Geschäfte der Kaufhauskette.

Das Haus am Meir hatte 45 Abteilungen: Neben Kleidung, Parfüm und Möbeln gab es Haushaltsgegenstände und Spielzeug, aber auch Dienstleistungen, einen Friseur, ein Fotostudio und eine »bar automatique«, die erste Selbstbedienungsbar im ganzen Land. »Titz« nennt man im Dialekt bis heute einen Strohhut mit schwarzem Band, in Deutschland als »Kreissäge« bekannt, seinerzeit ein Verkaufsschlager.

Nach dem Ersten Weltkrieg wurden die belgischen Tietz-Kaufhäuser dem Staat übereignet, die deutschen Häuser wurden 1933 als »Westdeutscher Kaufhof« zwangsarisiert. Der Familie Tietz gelang über mehrere Stationen die Flucht nach Palästina.

Adresse Meir 82, 2000 Antwerpen, Tel. +32/(0)3/2321950 | ÖPNV Tram 1, 2, 3, 5, 9, 10, 15, 17, Station Opera | Öffnungszeiten Mo–Do 9.30–18.30 Uhr, Fr, Sa 9.30–19 Uhr | Tipp Der Stadsfeestzaal ist heute ebenfalls eine Shoppingmall. Ein Brand hatte die Bankett- und Ausstellungshalle nahezu komplett zerstört, nach der Totalrenovierung 2007 entstand eine prächtige freitragende Halle, die stark an das Moskauer Kaufhaus GUM erinnert.

60 Die Kirche

Zur Erinnerung an Maria Stuart

Die St.-Andreas-Kirche im einstigen Arbeiter- und Elendsviertel gleichen Namens ist ein Juwel des Spätbarock und dabei für einen Sakralbau aus dieser Zeit verhältnismäßig schlicht. Es gibt viel Kunst zu bewundern und erstaunliche Geschichten zu erzählen. Die beginnen mit dem Kirchenbau.

Gegen 1510 kamen acht Barfüßermönche nach Antwerpen und initiierten den Bau eines Klosters samt Kapelle. Die Gemeinschaft wurde nach zwölf Jahren aufgelöst. Die Brüder hatten sich zu Luther bekannt. Das Urteil: Hochverrat und Ketzerei. Zwei Mönche wurden als erste protestantische Märtyrer Europas verbrannt, das Kloster abgerissen. Nur die unfertige Kirche blieb verschont.1529 wurde sie dem heiligen Andreas, dem Schutzpatron von Burgund, geweiht. Deshalb die großen x-förmigen Andreaskreuze im Boden.

Sint-Andries ist in jeder Hinsicht bemerkenswert. Es heißt, Vincent van Gogh habe die Fenster der Kirche bewundert. Die Marienstatue mit dem sitzenden Jesus auf der ausgestreckten Hand trägt seit 2001 ein Kleid der Designerin Ann Demeulemeester. Ihr Atelier lag nur wenige Schritte entfernt. Die Orgel von 1791 ist ein Meisterstück von Aegidius-Franciscus van Peteghem. Der Hochaltar mit der Himmelfahrt Mariens gilt als Hauptwerk von Willem Ignatius Kerricx. Die gewaltige, naturalistisch geschnitzte Kanzel zeigt die Szene, in der Jesus die Brüder Petrus und Andreas auffordert, ihm zu folgen und Menschenfischer zu werden.

Bleibt das Porträt von Maria Stuart, das gut sichtbar einen der Vierungspfeiler ziert. Mary of Scotland war nie in Antwerpen, obwohl Andreas auch der Schutzheilige Schottlands ist. Das Epitaph ist eigentlich auch nicht ihr gewidmet, sondern erinnert an zwei ihrer Hofdamen, die nach der Enthauptung der Königin 1587 nach Flandern flohen. Die lateinischen Kürzel unter ihrem Bildnis besagen: »Mary Stuart, Königin von Schottland und Frankreich, Mutter von König Jacob von Großbritannien«.

Adresse Sint-Andriesstraat 5, 2000 Antwerpen, Tel. +32/(0)3/2320384, www.sint-andrieskerk.be | ÖPNV Tram 4, Bus 22, 180–183, Station Sint-Andries | Öffnungszeiten Mo–Fr 9–12 Uhr, Sa 14–17 Uhr, So 10.30–12 und 14–17 Uhr | Tipp Von April bis September öffnet die Schatzkammer von Sint-Andries als Museum und präsentiert Fotos und Sozialgeschichte des Elendsviertels Sint-Andries, bekannt als »parochie van miserie«, Pfarrei der Armen.

61 Die Klage

Moeder Netje vor Sint-Andries

»Mutter, warum leben wir?« lautet der Titel eines Romans von Ludovicus Carolus Zielens, genannt Lode, aus dem Jahr 1933, in dem er seine Hauptfigur Jeanette / Netje ebendiese klagende Frage mehrmals im Lauf ihres Lebens voller Bitterkeit stellen oder auch gestellt bekommen lässt. Fast verborgen unter Bäumen ist der Romanfigur Moeder Netje vor der Sint-Andrieskerk ein steinernes Denkmal gewidmet. Geschaffen hat es 1951 der flämische Bildhauer Leopold »Pol« van Esbroeck (1911–2010), der später auch für die Restaurierung des Kalvarienbergs neben der Sint-Pauluskerk verantwortlich zeichnete.

Der Arbeiterschriftsteller Lode Zielens wurde am 13. Juni 1901 in Sint-Andries geboren. Das bitterarme Proletarierquartier war als »parochie van miserie«, Gemeinde des Elends, bekannt und verrufen. Zielens kannte das von ihm beschriebene Milieu bestens. Er zeichnete die Lebensumstände seiner Figuren zwar mit großer Empathie, aber ohne schönzufärben. Er thematisierte Armut und Hoffnungslosigkeit, Suff, Prügelei, Prostitution, Unterdrückung, Vergewaltigung und Demütigungen aller Art. Harter Tobak also, zumal Netje, der nichts von alldem erspart bleibt, nicht gegen ihr Los aufbegehrt, sondern in demütige Resignation verfällt. Glück – so glaubt sie – könne nur aus Leid geboren werden. Ihr Sohn Hendrik wendet sich hingegen wie Autor Zielens selbst sozialistischen Ideen zu. 60 Jahre nach seinem Erscheinen wurde der Roman 1993 zu einer erfolgreichen TV-Serie umgesetzt.

Zielens war da längst tot, er starb am 28. November 1944, also 85 Tage nach der offiziellen Befreiung Antwerpens am 4. September, bei einem Bombardement durch die Nazis. Auf Antwerpen gingen auch danach noch mehr V2-Raketen nieder als auf London.

Die Statue der Moeder Netje stand ursprünglich exakt am Einschlagsort Ecke Simonsstraat / Plantin en Moretuslei, der Stelle, an der Zielens mit zehn weiteren Menschen den Tod fand.

Adresse Sint-Andriesstraat 16, 2000 Antwerpen | ÖPNV Tram 4, Bus 22, Station Sint-Andries | Tipp Zielens' Geburtshaus liegt kaum 100 Meter entfernt in der Pompstraat 17; eine Kupferplakette im ersten Stock des Hauses weist darauf hin. Bürgermeister Lode Craeybeckx ließ sie zum vierten Todestag seines einstigen Reporterkollegen bei der »Volksgazet« anbringen.

62 Die Kletterhalle

Trendsport für gesellige Geschicklichkeitsfans

Wer beim Thema Klettern noch an Alpen, Himalaya und Reinhold Messner denkt, ist ziemlich oldschool. Der Trend heißt Bouldern, ist total in und seit den Spielen von 2020 olympische Sportart. Aus der lebensgefährlichen Freiluftveranstaltung für »Naturburschen« wurde in den 1990er Jahren ein Hallensport für Fans von Balance und Geschicklichkeit. Der Frauenanteil ist dabei ebenso enorm gestiegen wie der an schwerwiegenden Verletzungen gesunken. Drei Viertel des Sportkletterns finden heutzutage indoor statt.

»The Island« spiegelt den Trend idealtypisch. Sonntagnachmittags verteilen sich gut 30 Menschen in der großen Halle ganz im Norden von Eilandje, dort, wo draußen Schiffe über Royerssluis sowohl in den modernen wie den alten Hafen und den Albertkanal einfahren können. Man kommt mit jedem Verkehrsmittel problemlos an, muss aber auch hierher wollen. Männer sind in der Überzahl, aber nur leicht. Die Mehrheit scheint zwischen 25 und 35 zu sein, aber auch gesetztere Herren probieren sich – zum Teil gemeinsam mit ihren Töchtern im Teenageralter – an Hindernissen unterschiedlicher Schwierigkeitsstufen. Der Boden ist mit dicken, federnden Matten ausgelegt. Auffällig: Es ist wenig Show oder Konkurrenz zu erkennen, jeder achtet auf den anderen, gibt Tipps zu möglichen Grifffolgen. Die Stimmung ist entspannt, viel Lachen ist zu hören, auch und gerade dann, wenn etwas nicht funktioniert.

Routen, die vier Meter relativ gerade nach oben führen, klappen meist zügig und problemlos, während anderswo Menschen kaum 30 Zentimeter horizontal über dem Boden hängen und anscheinend nicht weiterkommen. Ganz unten scheinen ein paar der schwierigsten Passagen zu liegen. Das macht auch Sinn, so kann man nicht tief fallen. Es locken komplizierte Überhänge, Balance-Passagen und solche, die man mit Schwung bewältigt. Der Service ist freundlich, an der Bar gibt es Getränke und selbstredend alles, was zum Klettern benötigt wird.

Adresse Natiestraat 2, 2060 Antwerpen, Tel. +32/(0)3/2480450, www.boulderzaaltheisland.be | **ÖPNV** Tram 1, Bus 70, 72, 600–602, X70, Station Noorderbrug | **Öffnungszeiten** Mo–Mi, Fr 10–23 Uhr, Do, 14–23 Uhr, Sa, So 10–22 Uhr | **Tipp** Noch einen Freiluftsport zieht es nach innen: Am anderen Ende der Stadt steht die Skihalle »SnowWorld Antwerpen«, früher »Aspen«. Die 200 Meter lange Kunstschneepiste für Ski und Snowboard ist an 365 Tagen im Jahr geöffnet (Moerelei 123).

63 Der Königspalast

Von Napoleon über Willem I. bis zu Leopold II.

Auf der Einkaufsmeile Meir stehen einige bemerkenswerte Gebäude. Das wohl schönste ist ein Rokoko-Zierschloss, der Paleis op de Meir, offiziell Koninklijk Paleis. Für ein königliches Schloss ist es nicht übertrieben groß, aber eben prächtig, außen wie innen. Dieses Aussehen hat dem Palast eine illustre Liste von Besitzern eingebracht, die von Kaiser Napoleon Bonaparte über Willem I. von Oranien bis zum belgischen Königshaus reicht. Nur so richtig viel Glück hat keiner von ihnen hier gehabt, aber vielleicht ist das ja auch nicht der Sinn eines Palasts.

1745 befand der Kaufmann und Brauer Johan Alexander van Susteren die familieneigenen Häuser auf dem Meir als zu piefig und ließ sich an ihrer Stelle eine repräsentative Residenz bauen. Rokoko mit französischen, wienerischen und niederländischen Einflüssen, hübsch anzusehen mit viel Stuck, Marmor und Freitreppen und allem, was modern und teuer war. Allein, die Fertigstellung erlebte van Susteren nicht. 1812 kaufte Napoleon das Palais, ließ einige Säle im Empirestil einrichten. Der Kaiser brauchte eine Residenz in der Hafenstadt, die sein Bollwerk gegen England sein sollte. Betreten hat er sie allerdings nie. Nach Napoleons Waterloo wurden Flandern und Antwerpen niederländisch, aber auch der neue Besitzer Willem I. sah den Palast auf dem Meir nie von innen, auch nicht die Reliefporträts berühmter Niederländer, die er anbringen ließ. Anders Zar Alexander: Er wohnte 1914 hier und grüßte vom Balkon.

Erst die belgischen Monarchen, in deren Besitz der Palast nach der belgischen Unabhängigkeit 1830 fiel, benutzten das Schlösschen für Empfänge von Staatsgästen, die per Schiff anreisten. Leopold II. ließ eigens dafür den großen Spiegelsaal einbauen. Er musste hier aber auch den Einmarsch deutscher Truppen im Ersten Weltkrieg erleben. Leopold III. widerfuhr im Zweiten Weltkrieg Ähnliches. Am 28. Mai 1940 musste er kapitulieren.

Adresse Palais op de Meir, Meir 50, 2000 Antwerpen, Tel. +32/(0)3/2062121, www.herita.be | ÖPNV Tram 7, Station Meir; Tram 4, Station Groenplaats | Öffnungszeiten So 10–17 Uhr, Gruppenführung »Palast zu verkaufen« Mi–Sa 10–16 Uhr | Tipp Die Gruppenführungen sind witzig und sehr zu empfehlen. Ein fiktiver Immobilienmakler preist den Palast zum Kauf an. Ein Mix aus Kultur, historischem Hintergrund und Stand-up-Comedy. Auch zu empfehlen: Dominique Persoones »Chocolate Line« im Erdgeschoss.

64__Die Luke

Paardekensgang aus dem 16. Jahrhundert

Die Willem Lepelstraat verbindet im Süden der Altstadt Kloos-ter- und Nationalestraat miteinander. Sie ist zu klein, um durchgängig für Autos befahrbar zu sein. Aber die wenigen Touristen, die sich hierher verirren, stoßen auf ein auffälliges Dekor. Über der Tür mit der Hausnummer 14 ragt ein Pferdekopf in Originalgröße mit geblähten Nüstern aus der Wand, sehr naturalistisch gemeißelt aus belgischem Blaustein. Kein Hinweis verrät, was es mit dem Kopf auf sich hat, ob unter dieser Adresse in früheren Zeiten eventuell ein berühmter Jockey oder womöglich ein Pferdemetzger lebte. Die Touristen gehen dann meist weiter, einfach weil sie die Tür für einen ungewöhnlich gestalteten, aber doch normalen Hauseingang halten. Weit gefehlt.

Der Eingang führt auf einen schmalen gepflasterten Hof, eine Art Privatstraße, auf beiden Seiten gesäumt von sechs weiß getünchten Häusern. Paardekensgang ist eine Arbeitersiedlung aus dem 16. Jahrhundert, ein sogenanntes *beluik*. In jedem der winzigen Häuschen mit einer Gesamtfläche von maximal 35 Quadratmetern lebte seinerzeit eine Familie mit mehreren Kindern und tunlichst noch ein bis zwei Schlafburschen, um die Miet- und Heizkosten zu mindern. Ob abends die Tür zur Straße dieser gefängnisartigen Löcher abgeschlossen wurde, bestimmten nicht unbedingt die Anwohner selbst.

So hübsch und malerisch das Gässchen heute mit seinem Blumenschmuck und den aparten Tischchen und Sitzbänken unter den Fenstern auch aussehen mag, *beluiken* waren Wohnstätten für die Ärmsten der Armen, oft ohne sanitäre Anlagen. Heute werden mehrere der Häuschen bei Airbnb als zauberhafte, nachhaltige Tiny Houses an einem der romantischsten Orte der Stadt vermietet, vermutlich ohne das Geringste von deren Historie preiszugeben.

Der Name Paardekensgang oder auch Paardentoren ist für diesen Ort seit rund 500 Jahren belegt. Worauf er zurückzuführen ist, weiß man allerdings nicht.

Adresse Makelarenplaats/Willem Lepelstraat 14, 2000 Antwerpen | ÖPNV Tram 4, 22, Bus 180–183, Station Tropisch Instituut | Tipp Beide Eckkneipen zur Kloosterstraat, »Dansing Chocola« mit seiner wild überwucherten Terrasse und »Heilig Huisken« mit dem ebenso grünen Innenhof, sind Antwerpener Institutionen, besonders zum sommerlichen Sonntagsbrunch.

65 Die Lunge

Ein Park für Spaziergänger, Radler und Boulespieler

Seit über 100 Jahren ist der Rivierenhof nun ein öffentlicher Park und das wichtigste Naherholungsgebiet der geschäftigen Hafenstadt. Seine Geschichte ist allerdings älter, geht zurück auf zwei mittelalterliche Bauernhöfe, die im 16. Jahrhundert von reichen Antwerpener Bürgern zu schlossartigen Landsitzen ausgebaut wurden. Der Bankier Geraardus Sterck (um 1505–1564) errichtete auf den 94 Hektar Ackerfläche von Hooftvunder einen Park mit Wasserburg. Und ein gewisser Magnus van Bullestrate vergrößerte Te Rivieren zum Landgut mit Obstplantage und Brauerei. Nach wechselvoller Historie erwarb der Bankier Jan-Baptiste Cogels (1694–1733) schließlich beide Höfe. Sie blieben bis 1921 im Besitz seiner Familie. 1923 fasste die Stadt, nunmehr Eigner, beide Güter zusammen und erklärte sie zur ersten Provinzdomäne Belgiens. Und das im dünn besiedelten, ländlichen Deurne. Am Hafen und bei den großen Industrieanlagen hätte es damals eines solchen Parks dringender bedurft. Aber dort hatte die Stadt keinen Landbesitz.

Erst heute erfüllt der Park seine Funktion als grüne Lunge vollständig. Er ist bei Spaziergängern und Sportlern gleichermaßen beliebt. Es gibt ein Amphitheater für Konzerte aller Art, für Kinder einen Streichelzoo, einen Verkehrserziehungspark und ein Märchenhaus, Tennis- und Bouleplätze, einen Rosengarten sowie Bereiche für Urban Gardening mit Zier- und Nutzpflanzen. Im großen See wird geangelt und auf den weitläufigen Wiesen Frisbee gespielt, gelesen oder die Sonne genossen. Schattige Alleen und naturbelassene Bereiche, französisch gestaltete Flächen sowie englische Landschaftsareale ergänzen das Angebot.

Die meisten Antwerpener kommen mit dem Rad – der ausgebaute Radweg ist kürzer und schneller als jedes andere Verkehrsmittel. Und mancher trainiert dann hier im Grünen gleich weiter. Kein Problem, man kommt sich nicht ins Gehege, es gibt mehr als genügend Platz für alle.

Adresse Turnhoutsebaan 246, 2100 Antwerpen, Tel. +32/(0)3/3605218 | ÖPNV Tram 10, Bus 410, Stationen Deurne-Lunden und Deurne- Venneborg | Öffnungszeiten immer zugänglich | Tipp Auf allen Strecken bis 25 Kilometer ist für Antwerpener jeden Alters das Rad das Verkehrsmittel der Wahl. Es gibt eigentlich immer einen Radweg, der kürzer ist als die Straße, durch schönere Landschaft führt und obendrein nahezu prinzipiell Vorfahrt bietet.

66 Die Madonna

Jean Fouquets Meisterwerk

Über die eindrucksvolle zweiflügelige Marmortreppe im auch sonst ungemein prächtigen Entree ins Obergeschoss, dann gleich rechts, und man steht vor der Madonna. Jean Fouquets grandioses Meisterwerk, umgeben von Seraphim und Cherubim, fasziniert seit fast 600 Jahren. Die Perspektive italienisch, die realistische Darstellung niederländisch, die Farbgestaltung in leuchtendem Blau und Rot umwerfend expressiv. Dazu kommt die Virtuosität eines Meisters mit dem Ergebnis eines wahren Erdrutsches der Porträtmalerei.

Während vorher idealisierte Marien produziert wurden, verlieh Fouquet (um 1420–1481) seiner Maria die Gesichtszüge einer echten Frau, angeblich die von Agnès Sorel. Die verstorbene Geliebte des französischen Königs Karl VII. galt als überirdisch schön. Die Madonna wirkt weiß und streng wie eine Marmorskulptur und verkörpert idealtypisch das weibliche Schönheitsideal des 15. Jahrhunderts. Zeitgenossen haben auch die entblößte linke Brust nicht für blasphemisch gehalten, sondern als Symbol einer nährenden Muttergottes verstanden, obwohl das Kind auf ihrem Schoß nicht gesäugt wird. Dafür deutet der ausgestreckte Zeigefinger des pummeligen Jesus aus dem Bild heraus.

Denn das Bild auf einer Eichenplatte von knapp 100 mal 80 Zentimetern war ursprünglich Teil des Diptychons von Melun, und Christus zeigte auf den Auftraggeber des Doppelbildes, den Schatzmeister des französischen Königs Étienne Chevalier. Der hatte das Werk zwar auf ewig dem Dom seiner Heimatstadt gestiftet, was die dortigen Kirchenherren aber nicht hinderte, beide Bildflügel 1775 zu verkaufen. Die Madonna hängt seit 1840 im Königlichen Museum der Schönen Künste, der andere Flügel, von Clemens Brentano in Basel wiedergefunden, seit 1896 in der Gemäldegalerie zu Berlin.

Der Wirkung der thronenden Madonna kann wohl nichts Abbruch tun. Seit mehr als einem halben Jahrtausend zieht sie alle Blicke auf sich.

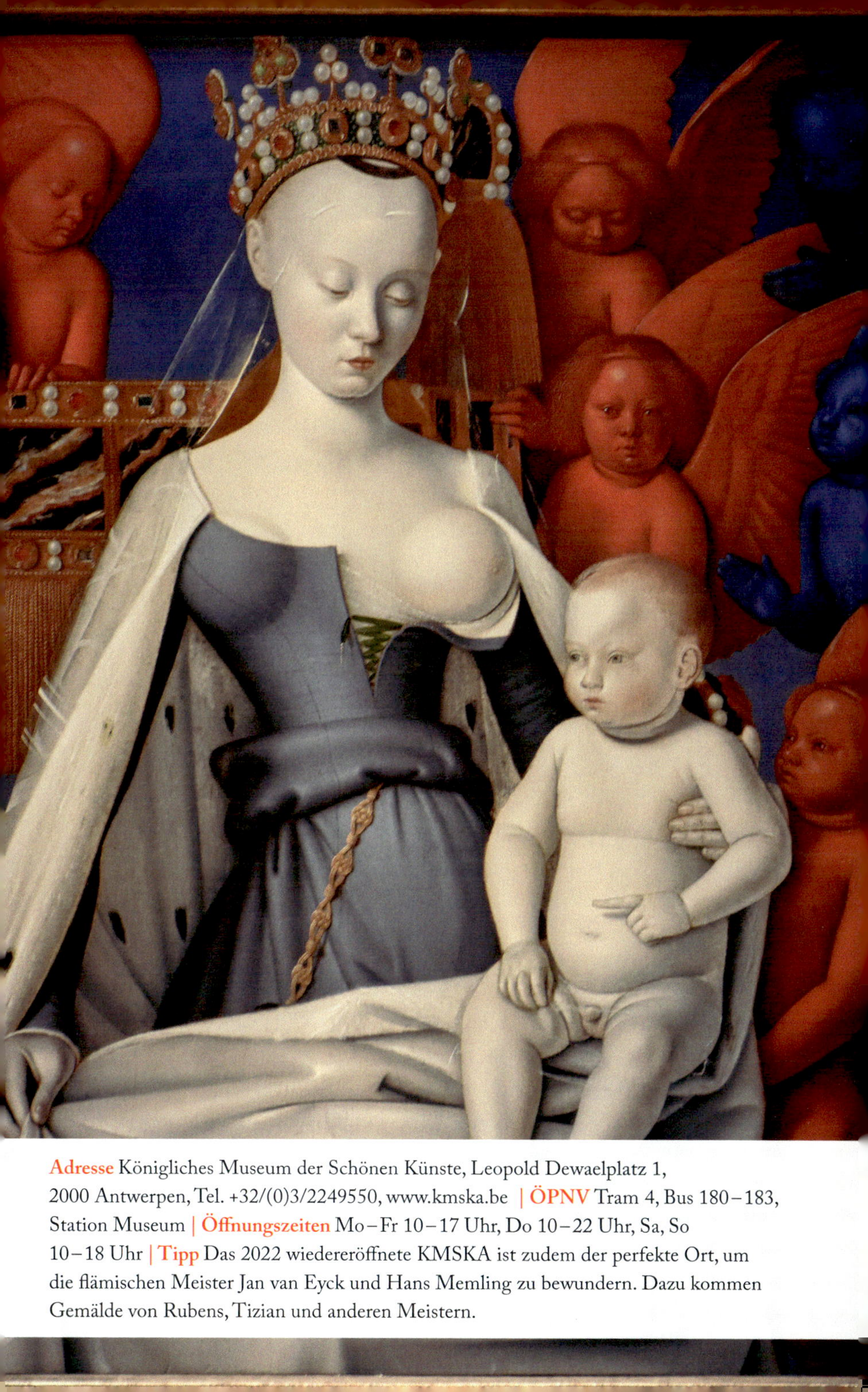

Adresse Königliches Museum der Schönen Künste, Leopold Dewaelplatz 1, 2000 Antwerpen, Tel. +32/(0)3/2249550, www.kmska.be | ÖPNV Tram 4, Bus 180–183, Station Museum | Öffnungszeiten Mo–Fr 10–17 Uhr, Do 10–22 Uhr, Sa, So 10–18 Uhr | Tipp Das 2022 wiedereröffnete KMSKA ist zudem der perfekte Ort, um die flämischen Meister Jan van Eyck und Hans Memling zu bewundern. Dazu kommen Gemälde von Rubens, Tizian und anderen Meistern.

67 Die Maschinenstürmer

Ein Buchladen zum Genießen

Kann es Spannenderes geben, als sich mit einem guten Buch in einem schön gestalteten Salon niederzulassen und dazu eine Tasse Kaffee oder vielleicht ein Glas Wein eingeschenkt zu bekommen? Ja. Die Erfahrung, viel Arbeit und Geld in ein Herzensprojekt – einen Buchladen mit angeschlossener Weinbar – gesteckt zu haben, um sich am Eröffnungstag statt auf einer fröhlichen Party im Lockdown wiederzufinden. Exakt das ist Jorien Caers und Richard Bolte widerfahren.

Die Belgierin und der Amerikaner, beide Liebhaber von schönen Plätzen und ungewöhnlichen Geschichten, lernten sich auf Tinder kennen. Sie wurden kein Paar, ersannen aber ein gemeinsames Projekt: »Luddites Books & Wine«. Dafür renovierten sie eine alte Villa sehr geschmackvoll und edel und standen dann allein in ihrem Traum. Statt guter Laune und Lob für die Kreativität gab es Stille und Ausgangssperre wegen Corona. Die Geschichte fand zum Glück ein Happy End, die beiden hielten durch, der Traum-Buchladen lebt und darf geteilt werden.

Er beginnt mit den steilen Treppenhäusern, die Teil der Inszenierung sind: im Souterrain die große Abteilung für Kinderbücher, in der Beletage die Abteilung für erwachsene Leser, vornehmlich englischsprachig und nederlandstalig im Ambiente einer altehrwürdigen Bibliothek, und im ersten Stock die Bar mit der Ausstrahlung eines Grand Cafés und schöner Sonnenterrasse. Was braucht der Mensch mehr?

Vielleicht die Erklärung des Namens: »Ludditen« nannten sich um 1810 britische Textilarbeiter in Nottinghamshire, die gegen ihre Verelendung ankämpften und industrielle Spinnereien zerstörten. Sie beriefen sich auf einen fiktiven Anführer Ned (General / King) Ludd. Lange galten sie als reaktionäre Maschinenstürmer, erst neuerdings zeigt sich, dass sie nur bestimmte Besitzer angriffen. Im Luddites gibt es – so viel »Technikfeindlichkeit« muss sein – kein WLAN.

Adresse Hopland 34, 2000 Antwerpen, Tel. +32/(0)3/2985533, www.luddites.be | **ÖPNV** Tram 1, 3, 5, 9, 10, 15, Bus 13, 14, Station Opera | **Öffnungszeiten** Mi–So 11–20 Uhr | **Tipp** Stadsschouwburg ist wahrlich kein architektonischer Hingucker, aber die äußeren Freitreppen vermitteln den Eindruck einer Skulptur. Samstag und Sonntag sind Markttage, und am südlichen Rand bei Nieuwstad gibt es auf dem Vogelenmarkt am Sonntag wirklich auch Vögel.

68 Der Mercurius

Belgien und der Kongo

Ein eigentümliches Denkmal ziert den Eingang zum Stadtpark: Auf der Spitze eines schlanken Obelisken ruht eine Kugel, und darauf steht, besser tänzelt, grazil nur auf seiner linken Fußspitze stehend, ein nackter geflügelter Merkur. Die Figur ist einer berühmten Skulptur von Giovanni da Bologna aus dem 16. Jahrhundert nachempfunden. Wer nicht genau hinschaut, verwechselt den römischen Götterboten schnell mit dem Stadtsymbol, dem handwerfenden Brabo vor dem Rathaus.

Tatsächlich erinnert das Ensemble an die Umwandlung des sogenannten Kongo-Freistaats vom Privatbesitz König Leopolds II. (1835–1909) in die Kolonie Belgisch-Kongo 1908. Rund 30 Jahre zuvor hatte Leopold II. mit Hilfe des Entdeckers Henry Morton Stanley (1841–1904) einen riesigen Teil Zentralafrikas, mehr als 76-mal so groß wie Belgien, zusammengekauft. Die Ausbeutung der Natur zwischen 1885 und 1909, vor allem Kautschuk und Elfenbein, machte den König unfassbar reich. Die Brutalität seines Regimes galt dabei selbst unter den Kolonialmächten als ohne Gleichen. Millionen Menschen wurden verstümmelt, ermordet, zu Tode geschunden. Das Leid im Kongo war unvorstellbar, bis heute ist es nicht exakt zu beziffern. Die Schätzungen über die Zahl der Toten variieren zwischen zwei und zehn Millionen. Das Antwerpener Standbild des Königs selbst wurde deshalb 2020 im Zuge der »Black Lives Matter«- Proteste abgebaut, nachdem es besprüht und angezündet worden war.

Warum 1911 Merkur – nicht allein Bote, sondern auch Gott der Händler und Diebe – für das an die Kolonie erinnernde Monument ausgewählt wurde, ist unklar. In der Vorstellung der Zeit sollte er wahrscheinlich das Licht der Zivilisation ins dunkle Afrika bringen. Erhalten geblieben ist die Statue mit ziemlicher Sicherheit nur, weil der Zusammenhang zum Kongo und den dort von Belgiern verübten massenhaften Gräueltaten kaum erkennbar ist.

Adresse Rubenslei, 2018 Antwerpen | ÖPNV ÖPNV Tram 1, 10, Bus 13, 14, F 15, Station Stadspark | Tipp Der dreieckige Stadspark präsentiert zahlreiche Monumente, eines für Königin Astrid, ein Weltkriegsdenkmal und eines für die Gefallenen der Verteidigungslinien. Der ebenfalls dreieckige Bau der Nationale Bank bezeugt mit seiner Pracht den Reichtum der Stadt.

69_Die Mexikobrücke

Genau genommen zwei Brücken

Die Kartografen sind sich uneinig: Mal heißt die Brücke im alten Hafen am rechten Scheldeufer Mexicobrug im Singular, mal Mexicobruggen im Plural. Technisch betrachtet handelt es sich dagegen eindeutig um zwei einzelne, wenngleich identische sogenannte Rollklappbrücken vom Typ Scherzer, jeweils 23 Meter lang, 1936 (Ost) und 1941 (West) aus Stahl gefertigt und installiert. Beide waren ursprünglich mit Elektro- und Dieselmotoren bestückt und werden heute hydraulisch betrieben. Optisch zweifelsohne Schönheiten, stehen sie seit 2001 zu Recht unter Denkmalschutz.

Wer über Eilandje zum Havenhuis gelangen will, muss die Mexicobruggen in nördlicher Richtung passieren. Da es in diesem Hafenbereich nur noch recht wenig Schiffsverkehr gibt, ist die Doppelbrücke meist für Autos und Trams, Fußgänger und Radfahrer geöffnet, was praktisch bedeutet: heruntergeklappt. Beide Brückenteile zusammengenommen sind 21 Meter breit. Jede verfügt auf ihrer Außenseite über eine Rad- und Fußgängerspur. Die linke, westliche Brücke bedient den Autoverkehr, die rechte, östliche Seite bietet seit 2019 der Tramlinie 24 eine zweigleisige Spur.

Mit der letzten großen Renovierung beider Aufleger ist der Klappvorgang der Mexicobruggen enorm beschleunigt worden. Betrug er vorher 40 Minuten, ist die Bewegung heute in kaum 3 Minuten abgeschlossen, auch wenn das ziemlich selten vonnöten ist. Man muss schon Glück haben oder etwas länger Geduld aufbringen, will man die beiden Flügel hochgeklappt betrachten.

Kommt man von Süden aus der Innenstadt auf die Brücke zu, sieht man außer Schranken und Ampeln nur das hellgrau gestrichene, quer über den Fahrbahnen auf Stelzen stehende Brückenhaus. Das eigentliche Bauwerk folgt dahinter. Die lichte Höhe unter dem Brückenhaus ist auf beiden Seiten unterschiedlich, und zwar erheblich. Für Autos und Lkw beträgt sie 5, für die Tram lediglich 3,8 Meter.

Adresse Kattendijkdok/Houtdok-Zuidkaai, 2030 Antwerpen | **ÖPNV** Tram 24, Station Cadix | **Tipp** Keine einzige Brücke quert die Schelde, um den Schiffsverkehr nicht zu behindern. Es gibt ausschließlich Tunnel. Nur im alten wie im modernen Hafen existieren Brücken, selbst die allergrößten davon sind beweglich, wie die imposanten bei Doel.

70 Der Modeladen

Rosier 41 bietet Secondhand mit Lokalkolorit

Das Viertel zwischen Kammen- und Nationalestraat ist ein absolutes Muss für Modebegeisterte und solche, die es werden wollen. Hier schlägt das Herz der weiterhin hippen Antwerpener Modeszene. Selbst von Londons Carnaby und Oxford Street schaut man bisweilen neidvoll hierher. Denn: Wer es hier schafft, eigene Entwürfe an die Frau und den Mann zu bringen, schafft es überall.

Nur wenig abseits davon gehen Kundige ins Rosier 41, einen kleinen, aber feinen Laden zur Zweitverwertung für die Erzeugnisse der Wilden und der Großen. Eines vorweg: Wer im Geschäft von Paul Visser Schnäppchen im Zehn-Euro-Bereich sucht, ist an der falschen Adresse. Hier werden weder No-Name-Produkte verkauft noch erkennbar beschädigte Kleidungsstücke oder solche, deren Provenienz aus einem der renommierten Häuser nicht ganz und gar sicher ist. Für Schuhe, Taschen und Accessoires gilt das Gleiche. Dafür finden sich Dries Van Noten, Ann Demeulemeester, Raf Simons, Martin Margiela, aber auch Dior, Jil Sander oder Balenciaga, nur eben »gebraucht« und zu zivileren Preisen. Bisweilen hängt auch kaum Getragenes direkt aus den Showrooms der famous »Antwerp Six« an den Ständern sowie ganz und gar Ungetragenes aus den Vorjahreskollektionen oder von noch unbekannten Newcomern. Das Angebot wechselt, wenn nicht täglich, so doch wöchentlich.

Unter den Fashionistas Antwerpens, welchen Geschlechts auch immer, gehören deshalb regelmäßige Visiten der Kleiderstangen des Rosier 41 zum Pflichtprogramm. Wem das wegen eines Wohnorts in anderen Weltregionen nicht möglich ist, der kann sich auf der Facebookseite des Geschäfts anmelden und das wechselnde Angebot verfolgen.

Eine Kreation im Schaufenster des Rosier 41 untergebracht zu haben, gilt als Auszeichnung. Sie ist talentierten jungen Designern und Schneiderinnen vorbehalten, in aller Regel Absolventen der Königlichen Akademie der Schönen Künste.

Adresse Rosier 41, 2000 Antwerpen, Tel. +32/(0)3/2255303, www.rosier41.be | ÖPNV Tram 4, 7, Station Mechelseplein | Öffnungszeiten Di–Sa 10.30–18 Uhr | Tipp Die Shops von Chanel, Armani, Zilieri, Herrera, Moncler, Boss oder Kujten liegen in einer Reihe in der Straße Hopland und der Schutterhofstraat. Eher avantgardistische Männermode findet man am Vrijdagmarkt 6, Dries Van Noten in der Nationalestraat 16 und Christian Wijnants in der Steenhouwersvest 36.

71 Das MoMu

Ein Haus (nicht nur) für sechs junge Wilde

Die Königliche Akademie der Schönen Künste zu Antwerpen, gegründet 1663, zählt zu den vier ältesten Institutionen ihrer Art weltweit. Vincent van Gogh und Henry van de Velde haben hier studiert. Und dennoch: Das zentrale Datum ist die Einrichtung des Studiengangs Modedesign 1963. Stilprägend ist untertrieben: Seit Beginn der 1980er Jahre ist sie die wohl einflussreichste Modeakademie weltweit.

Für die Stadt hat sie ökonomisch die gleiche Bedeutung wie der Hafen. Verantwortlich dafür sind die extrem hohe handwerkliche Qualität, die hier gelehrt wird, der theoretische Background von Materialkunde bis Philosophie und dann natürlich die »Antwerp Six«: Dirk Bikkembergs, Walter Van Beirendonck, Marina Yee, Dries Van Noten, Dirk Van Saene und Ann Demeulemeester. Die »Fab Six«, später ergänzt um Martin Margiela, haben erst die Londoner Szene und dann die gesamte Modewelt von Paris bis Mailand auf den Kopf gestellt. Stilistisch komplett unterschiedlich, haben die Designer gemeinsam definiert, dass Mode mehr ist als nur Kleidung: eine Haltung, eine Art, die Welt zu betrachten und sich in ihr zu positionieren.

2002 ziehen das ModeMuseum und die Akademie in das dreieckige ehemalige Bekleidungsgeschäft »New England« aus dem 19. Jahrhundert, seitdem »ModeNatie« genannt. Außen Pariser Stil à la Haussmann, innen puristische Architektur von Marie-José Van Hee. Allein das lohnt den Besuch. Aber ModeNatie ist so viel mehr: Seit 20 Jahren gibt es zwei Wechselausstellungen jährlich, die in die Welt eines Designers eintauchen. Die Dauerausstellung umfasst ausgesuchte Modelle der »Antwerp Six« und ein Archiv von knapp 38.000 Stücken, natürlich in erster Linie von Absolventen der Königlichen Akademie der Schönen Künste. Rund 100 Modestudenten lernen und arbeiten hier. ModeNatie ist Pilger- und Ausbildungsstätte, Bibliothek, Museum und Hochschule in einem – und die Kaderschmiede der zeitgenössischen Mode.

Adresse Nationalestraat 28, 2000 Antwerpen, Tel. +32/(0)3/4702770, www.momu.be | ÖPNV Tram 3, 4, 5, 9, 15, Bus 22, 180–183, Station Groenplaats | Öffnungszeiten Di–So 10–18 Uhr | Tipp An der Kreuzung Minderbroeder-/Mutsaardstraat gelangt man durch das Bourla-Tor auf den alten Campus der Akademie der Schönen Künste im ehemaligen Minoritenkloster. Hoffentlich auch nach der Renovierung wieder ein schöner Platz mit viel Kultur.

72_Die Museumsschiffe

Feuerschiff, Minenräumer und Schlachtschiff

Überquert man die Schleuse über das Sasdok, verlässt man das hochmoderne, aufgehübschte Stadtzentrum und betritt den alten Arbeitshafen. Zwischen Schelde und Trockendock war immer der Platz für harte körperliche Arbeit. Auch wenn diese Zeiten weitestgehend vorbei sind, das Flair spürt man bis heute. Westlich zur Schelde hin ist seit Kurzem der Droogdokkenpark fertiggestellt, mit Spielplatz, Aussicht auf den Sint-Annastrand und Zugang zum Segelzentrum Noordkasteel wie zur Antwerp Maritime Academy.

Auf der Binnenseite liegen die Trockendocks der früheren Reparaturwerften. Wenige werden noch genutzt, die meisten sind an die Kais des modernen Hafens abgewandert. Dafür sind hier einige maritime Schätzchen endgültig vor Anker gegangen. Das Feuerschiff »West-Hinder III«, ein schwimmender Leuchtturm, wird gleich im ersten Dock rechts instand gesetzt. Es wird sich nie wieder von seinem derzeitigen Platz fortbewegen, sondern hier zu besichtigen sein, ebenso wie das Kranschiff dahinter. Vor dem auffälligen Backsteingebäude Stormkop liegt der Eingang zum Gelände.

Stormkop selbst ist ein Out- und Indoor-Abenteuerspielplatz für Kinder jeden Alters, dazu Festivalgelände und obendrein Reede für mehrere Museumsschiffe. Biegt man vor dem Haus links ab und folgt dem Weg wenige hundert Meter vorbei an drei weiteren Docks mit anderen in Renovierung befindlichen maritimen Antiquitäten, erreicht man das Rijn- en Binnenvaartmuseum. Dessen Ausstellung widmet sich in mehreren Hallen und auf drei Lastkähnen der Schifffahrt auf dem Rhein, wie der Name schon sagt. Weiter geht es zu Dock 8 und zum stillgelegten Minensuchboot M477 »Oudenaarde« sowie dem Schnellboot P905 für Militärpatrouillen.

Die Schiffe sind eingezäunt, und die Bauarbeiten im Hafengelände sorgen dafür, dass nicht alle jederzeit zu besichtigen sind, aber man kommt auch vom Trottoir neben der Straße so dicht heran, dass sich der Weg lohnt.

Adresse Droogdokkenweg 5, 2030 Antwerpen, Tel. +32/(0)468/171252, www.mpmstichting.be, www.rijnenbinnenvaartmuseum.be | ÖPNV Tram 7, Station MAS; Tram 24, Station Havenhuis | Öffnungszeiten Rijn- en Binnenvaartmuseum Droogdokkensite: April–Okt. Mi 14–18 Uhr, 1. Sa im Monat 10–15 Uhr | Tipp Nördlich der Royerschleuse liegt die Marineakademie »Hogere Zeevaartschool«, die einzige französisch- und niederländischsprachige Lehranstalt in Belgien. Das an Bauhaus und Henry van de Velde angelehnte Gebäude wird zum Mittelpunkt eines ausgedehnten Parks.

73__De Muze

Die Jazzkneipe voll praller Geschichte(n)

De Muze ist eine Jazzbar – und was für eine. Sie blickt auf 60 Jahre Tradition im Zentrum der Stadt und eine verrückte Geschichte unter mehreren Besitzern zurück, und natürlich auf Musiker wie John Lee Hooker und Memphis Slim, Dexter Gordon und Archie Shepp. Weder ein Großbrand noch Umbauten haben der Attraktivität von De Muze ernsthaften Schaden zugefügt. Nur im 50. Jahr stand der Club 2014 kurz vor dem Aus. Das konnte zum Glück mit einer Art Crowdfunding verhindert werden. Jetzt gibt es weiter mehrfach pro Woche Livemusik, in der Regel bei freiem Eintritt. Nur der Getränkepreis wird dann moderat angehoben.

Walter Masselis und Tone Pauwels gründeten 1964 die alternative Studentenkneipe mit Mobiliar von der Heilsarmee, viel politischen Diskussionen und noch mehr Alkohol am Tresen Marke Eigenbau. Ab dem zweiten Jahr gehörte Livemusik zum festen Programm und erzwang Vergrößerungen um zwei Stockwerke. Ein Feuer zerstörte 1967 beide Obergeschosse. Masselis konnte sich den Wiederaufbau nicht leisten, und zwei Ex-Kellner übernahmen, von denen Jan Van Den Braak übrig blieb. Über Bühne und Tresen wurde das Bild einer Leda mit Schwan installiert. Jazz wurde zum Erfolgsgaranten. 1993 folgte ein mächtiger Einschnitt: Das Gebäude aus dem 16. Jahrhundert wurde komplett entkernt, nur die denkmalgeschützte Außenhülle blieb erhalten. Das brachte deutlich mehr Licht und Offenheit ins Gebäude, ohne die gemütliche Atmosphäre zu zerstören. Das hätte viele der meist ortsansässigen Stammkunden womöglich vertrieben.

2019 starb Van Den Braak, sein Lebenswerk wird weitergeführt. Das namensgebende Bild der Muse ziert, wenn auch etwas ramponiert, weiter eine Wand über dem Tresen, wird aber von alten wie neuen Gästen kaum wahrgenommen. Zentraler Anziehungspunkt bleibt die Livemusik an bis zu sieben Tagen pro Woche. Lediglich im Sommer wird die Anzahl der Konzerte etwas ausgedünnt.

Adresse Melkmarkt 15, 2000 Antwerpen, Tel. +32/(0)3/2260126, www.jazzcafedemuze.be | ÖPNV Tram 7, Station Sint-Katelijne; Metro 3, 5, 9, 17, Station Meir; Tram 11, Station Melkmarkt | Öffnungszeiten So–Do 11.30–1 Uhr, Fr, Sa 11.30–3 Uhr | Tipp Es gibt einige Plattenläden für Vinylscheiben in der Stadt. Eine Liste ohne Anspruch auf Vollständigkeit: »Backtrack« auf Sint-Katelijnevest 40, »Bartvinyl« am Paardenmarkt 18, »Chelsea Records« in der Kloosterstraat 10, »Sugerpie« in der Gierstraat 3 und »Tune Up« am Melkmarkt 20.

74 Der Nachtegalenpark

Eine umstrittene städtische Investition

Der Hafen machte manchen Antwerpener Reeder, Händler oder Bankier sehr reich. Schon Ende des 16. Jahrhunderts strebten diese Großbürger nicht nur nach politischer Macht, einige erwarben auch ausgedehnte Latifundien im damaligen Umland, um sich dort nach adligem Vorbild in Jagd- und Lustschlössern zu vergnügen. Karten und Kataster weisen Domänen und deren Neugestaltung aus, etwa Den Brandt, Vogelensanck und Middelheem zwischen Berchem und Wilrijk.

1804 kaufte die Familie della Faille de Waterloos einen größeren Teil dieser Ländereien, ließ Teiche anlegen und Hügel aufschütten, hier ein Wäldchen pflanzen, dort eines roden, das Schloss klassizistisch neu gestalten und ein Aviarium, eine Voliere für exotische Vögel, bauen. Aber die Stadt wuchs unaufhörlich an den Privatpark heran, ständig auf der Suche nach Bauland. 1910 erwarb der Stadtrat 186 Hektar, darunter je 50 von Den Brandt und Le Grelle-Middelheim, sowie 17 von Latinie-Vogelzang. Eine Hälfte sollte öffentlicher Park, die andere in Baugrundstücke aufgeteilt werden.

Der Park wurde auf den Namen Nachtegaalshoek getauft. Zu seiner Eröffnung wurde eine originalgetreue Reproduktion von Michelangelos David enthüllt. Bis heute steht sie da auf einem hässlichen Backsteinsockel und schaut aus der lichten Höhe von fünf Metern über den Park, sinnend, was sie wohl hierher verschlagen haben mag. Auch andere hatten Fragen, wenngleich aus unterschiedlichen Blickwinkeln. Die einen wollten wissen, wieso man so viel Geld für einen öffentlichen Park ausgibt, der so weit ab vom Schuss und schlecht erreichbar ist. Andere interessierte, wieso überhaupt Öffentlichkeit neben ihren Baugrundstücken zu dulden sei.

Schnee von gestern, heute ist der Nachtegalenpark eine grüne Oase in einem dicht besiedelten, von Autobahnen umrahmten Gebiet mit riesigen alten Bäumen und Alleen. Es gibt Restaurants und ein Musikfestival und vor allem: viel Platz.

Adresse Beukenlaan, 2020 Antwerpen | **ÖPNV** Bus 17, 21, 33, Station Beukelenlaan | **Öffnungszeiten** jederzeit zugänglich | **Tipp** Die »Koninklijke Wipmaatschappij La Renaissance«, (Floralienlaan 95) ist ein Verein zum Bogenschießen. Und das auf historischem Gelände: Hier fanden 1920 die olympischen Bogenschießwettbewerbe statt. Keine andere Sportstätte sonst ist übrig geblieben.

75 Der Nazibunker

Hauptkommando Atlantikwall mitten im Park

Acacialaan und Della Faillelaan gehören zu den nobelsten Adressen von Antwerpen. Dieser Teil von Wilrijk ist ein großbürgerlicher Villenvorort im direkten Umfeld der Parkanlagen von Middelheim und Den Brandt. Sehr grün, sehr schön, sehr gediegen. Und ausgerechnet hier gruben sich die Nazis im Frühjahr 1943 in die Erde und errichteten mitten im Naherholungsgebiet ein Dorf aus insgesamt zwölf Bunkern, gedacht als Befehlsstand für die gesamte flämische Küste von Dünkirchen bis ins niederländische Walcheren auf Zeeland, das »Hauptkommando Atlantikwall«.

Zunächst wurden einige der umliegenden Villen für die Generalität requiriert, dann Mannschaftsquartiere errichtet und schließlich das Bunkerdorf in den Waldboden gegraben, darunter fünf als Spezialanfertigungen, mit zwei Meter dicken Betonwänden und Gasschutz. Ganz exakt wurden zwei sogenannte SK1-Bunker übereinandergestapelt. Jeder ist 32 Meter lang und 16 Meter breit und besteht aus 1.800 Kubikmetern Beton mit 100 Tonnen Stahlbewehrung. Rechts vom Mittelgang lag die Technik mit Wasser, Strom und Lüftung, links waren die Büros und ein sogenannter Wach- und Kampfraum untergebracht. Die Anlage verfügt unter anderem über einen Führungsbunker für den befehlshabenden General und seinen Stab, einen Lazarettbunker und einen für den Geheimdienst. Am 29. August 1944, kurz nach der Landung der alliierten Streitkräfte in der Normandie und unmittelbar vor der Befreiung Antwerpens, räumten die Nazis um General von und zu Gilsa den Kommandostand.

Die nach dem Krieg geplante Sprengung der Bunker unterblieb aus Kostengründen. So ist alles ziemlich originalgetreu erhalten. Ab 1999 wurde die Anlage renoviert und zum Museum ausgebaut, seit 2004 steht sie unter Denkmalschutz. Drei Bunker werden gezeigt, darunter der Lazarettbunker und die Kommandostelle. Ein Museumsteil dokumentiert den Luftkrieg, insbesondere die Bombardierung Antwerpens mit V1- und V2-Raketen.

Adresse Acacialaan 15, 2020 Antwerpen, Tel. +32/(0)474/287638, www.bunkermuseumantwerpen.be | **ÖPNV** Tram 6, Station Olympiade; Bus 17, Station Beukenlaan | **Öffnungszeiten** Feb.–Dez. 1. Wochenende im Monat Führungen nach Absprache Sa 13–17 oder So 10–17 Uhr | **Tipp** Auf dem Middelheim-Campus findet man nahe Floralienlaan ein Denkmal für 16 Resistance-Kämpfer, im Vogelzangpark eines für die Gefallenen aus dem Ersten Weltkrieg und im Zentrum des Friedhofs Berchem (Elisabethlaan) ein Ehrenmal für Widerstand, Soldaten und zivile Opfer.

76 Der Nikolausplatz

Versteckte Oase im ehemaligen Godshuis

Der Sint-Nicolaasplaats ist ein wunderbares Schatzkästchen aus dem 15. Jahrhundert, verborgen durch Offensichtlichkeit. Viel zentraler als an der Ecke Katelijnvest / Lange Nieuwstraat kann ein Ort in Antwerpen eigentlich nicht liegen, zumal der Platz auch nicht klein ist. Und doch: Die meisten Menschen nehmen ihn nicht wahr, obwohl zwei kleine Theater und ein Restaurant nur über Sint-Nicolaas zu erreichen sind und im Sommer ein Dutzend Tische rund um die Staute des Heiligen aus Myra und die ihn schmückenden Rosenbeete zum Verweilen einladen. So bleibt der Platz Eingeweihten vorbehalten, ein diskretes Geheimnis mitten in der großen Stadt.

Der Hof entstand 1422, als die Händlergilde der Schuster, Schneider, Klempner und Krämer ein Armenhaus für Bedürftige bauen ließ, ein sogenanntes Godshuis. Längs der Straße befindet sich die Sinterklaas gewidmete Kapelle, dann folgt man unter dem Pfarrhaus hindurch dem schmalen Durchgang zum komplett umbauten und gepflasterten Platz. Die Fassaden um den Hof sind völlig unregelmäßig, was Breite, Höhe und Giebelform angeht, obwohl von Beginn an als Einheit konzipiert.

Ziemlich in der Mitte steht eine hohe Säule aus Blaustein mit einer Statue des heiligen Nikolaus mit bischöflicher Tiara, der seinen Mantel schützend über drei nackte Kinder in einem Badezuber hält. Von Rosenbeeten fast verdeckt, sieht man, dass es sich ursprünglich um einen Brunnen mit Pumpschwengel zur Versorgung des Armenhauses mit Trinkwasser handelte. Die Pumpensäule, das Marienbild an der Westfassade und das barocke Portal wurden Anfang des 18. Jahrhunderts errichtet und stehen unter Denkmalschutz.

Die Nordfassade der Kirche ist besser zu sehen als die der Straße zugewandte südliche, das aber dafür nur zur Hälfte, da ein Teil hinter den Häusern verborgen ist. Der Nikolausplatz beherbergt drei Kulturinstitutionen: Den Beulebak, das Noordteater und das Caféteater De Peerdestal Van Napoleon.

Adresse Sint-Nicolaasplaats, Lange Nieuwstraat 3–5, 2000 Antwerpen | **ÖPNV** Tram 7, Station Sint-Katelijne; Metro 3, 5, 9, 15, Station Meir | **Tipp** Es braucht Glück, um das traditionelle Stockpuppentheater »Poesjenellen« zu sehen. Aufführungen sind rar geworden. Im Erwachsenentheater geht es um Politik und bösen Spott. Bis 2016 spielte das berühmteste »Poesje Van Campen« im Keller unter der Kirche.

77 Das Ökoviertel

PAKT macht grün und Gewinn

Wen das Vorurteil plagt, öko sei handgestrickt, antiquiert und verschrumpelt, der sollte sich hier eines Besseren belehren lassen. Ebenso, wer der Überzeugung ist, ein grünes Umfeld könnten sich nur Besserverdiener leisten. Auf einer Fläche von acht Hektar tritt das Antwerpener Groen Kwartier den Gegenbeweis gegen so ziemlich jedes Vorurteil an.

Nachhaltiges Herz des Projekts ist PAKT, eine Initiative von Ismail und Yusuf Yaman und Stefan Bostoen. Sie verliebten sich 2006 in das weitläufige Gelände eines seit Langem ungenutzten Militärhospitals. Sie erträumten ein Projekt zum Arbeiten, Wohnen und Leben an einem Ort, und sie brachten Künstler, Handwerker, Kneipiers und Sportler in die Brache. Als die Stadt das Gelände 2010 kaufte, war der Nukleus gelegt, ein neues, urbanes Viertel zu anzulegen, das ökologischen Vorgaben folgt und dabei ungemein relaxed wirkt.

Eine Architektengruppe um Stéphane Beel und Lieven Achtergael renovierte den Bestand, fügte drei moderne achtgeschossige Blocks hinzu und gestaltete die Bettenhäuser des Ex-Krankenhauses um. So entstanden trendige Lofts und große Familienwohnungen, insgesamt 404 Einheiten. Die Bewohner beschlossen, ihr Quartier autofrei zu halten. 2016 wurden auf den Dächern 1.800 Quadratmeter Fläche mit Gewächshäusern und begehbaren Grünbereichen geschaffen, und ab 2017 begannen 100 »Dachbauern«, dort ihr eigenes Gemüse und Kräuter zu ziehen. Geheizt wird mit Wärme von unten, zum Beispiel aus Rösterei und Pizzeria, während die im Gegenzug Regenwasser und Gemüse vom Dach beziehen. Unterdessen wird so viel produziert, dass sich daraus ein Geschäft entwickelte, und auch die Expertise zur Dachnutzung ist ein gefragtes Gut.

Zurück zu den Vorurteilen. Das Viertel ist autofrei, um Sicherheit für Kinder und Ältere zu schaffen. Es ist bestens an den öffentlichen Verkehr und an Radwege angeschlossen, und selbstverständlich gibt es Parkraum.

Adresse Regine Beerplein 1, 2018 Antwerpen, Tel. +32/(0)3/2321950, www.pakt-antwerpen.be | ÖPNV Tram 4, 9, Bus 32, Station Cuperussstraat; Bus 30, 34, Station Van Luppenstraat | Tipp Das Zwei-Sterne-Restaurant »The Jane« residiert im Zentrum des Groen Kwartier – und das auch noch in einer Kirche. Mitten im Koning Albertpark steht ein hübscher achteckiger Musikkiosk aus dem Jahr 1877.

78 Die Orgel

Pures Tanzvergnügen mit mechanischer Drehorgel

Am Ernest Van Dijckkaai, zwischen Haverstraat und Sint-Jansvliet, kommt man in einen der ältesten Stadtteile. Im Jahr 1400 wurde hier eine Sandbank eingedeicht und trockengelegt, woran die Straßennamen Zand und Sandersstraatje erinnern. So alt ist das fast direkt an der Schelde gelegene Café Beveren noch nicht, aber unter »vintage« läuft die weiße Fassade mit den blauen Schriften allemal. Von außen wirkt es wie eine in die Jahre gekommene Eckkneipe in einem noch nicht auf Zeitgeist getrimmten Viertel.

Aber innen! Die kleine Theke und die 60er-Jahre-Wurlitzer linker Hand gehören zum modernen Teil der Einrichtung. Die gesamte rechte Seitenwand wird von einer original Decap-Tanzorgel aus dem Jahr 1937 eingenommen. Ein Traum in Chrom und buntem Licht – noch dazu voll funktionstüchtig. Man wirft einen Euro ein, und schon beginnt die bildschöne Drehorgel im Format drei mal vier Meter zu musizieren. Akkordeon, Saxofon und Schlagzeug werden per Druckluft in Gang gesetzt, die Melodien über gestanzte Papierrollen gesteuert. Despektierlich hieß man diese Orchestrions oft auch »Jahrmarktsorgeln«, aber zwischen den Weltkriegen waren sie der allerletzte Schrei. Und die Firma Decap – ein Familienbetrieb aus der Antwerpener Essenstraat 22–24 – gehörte schon damals zu den wichtigsten und besten Produzenten für individuell gestaltete Orgeln nach Maß.

Bis heute werden dort alte Exemplare restauriert und neue – zum Beispiel für Kirmes-Fahrgeschäfte – gebaut. Die Orgel im Café Beveren gehört zweifelsohne zu den ältesten, die dauerhaft in Betrieb blieben. Ohne sie wäre wahrscheinlich auch das Café längst Geschichte. So aber treffen an manchen Wochenenden eher ältere Anwohner des Viertels auf eher jüngeres Partyvolk, um unter der rotierenden Discokugel zu schwofen. Und mancher Gast, der sich das nie hätte träumen lassen, tanzt zu den Klängen der Orgel eine Polonaise über Tisch und Bänke.

Adresse Café Beveren, Vlasmarkt 2, 2000 Antwerpen, Tel. +32/(0)495/818134 | ÖPNV Tram 4, Metro 3, 5, 9, 15, Bus 22, 180–183, Station Groenplaats | Öffnungszeiten Fr 15–24 Uhr, Sa 13–1 Uhr, So 13–22 Uhr | Tipp Das Theater Elckerlyc spielt seit 2017 die volkstümliche Komödie »Café Beveren« rund um die Hits der alten Orgel. Bei der Renovierung des Barockhauses Marienborg (Zand 7–9) wurde der mittelalterliche Gang hinter dem Holztor von Nummer 5 zu Vlasmarkt und Hoogstraat überbaut.

79 Der Parkplatz

Die alten Lagerschuppen an der Schelde

Rund 10.000 Quadratmeter überdachter Parkraum, direkt an Schelde und Het Steen und damit am westlichen Beginn der ausgedehnten Fußgängerzone gelegen, obendrein gratis, das ist mal ein Wort. Und das ist noch nicht alles. Die Stahlkonstruktionen der ehemaligen Lagerschuppen machen diesen Parkplatz sicher zu einem der schönsten weltweit. Obendrein ist er ungemein praktisch, weil an zentraler Stelle platziert. Er ermöglicht, mit Auto oder Bus aus dem Um- oder Ausland ins Zentrum zu gelangen, um dann das motorisierte Fahrzeug nicht länger nutzen zu müssen. Die nächste Tram-, Metro- und Bushaltestelle ist 500 Meter entfernt, die Verleihstation für Elektrofahrräder direkt nebenan. Verschiedene Verkehrsmittel müssen keine Gegner sein.

Der Parkplatz besteht aus 19 spitzgiebeligen, auf der Vorderseite mit stilisierten Pflanzenmotiven verzierten Metalldächern aus dem Jahr 1885, jeweils gekrönt mit einem Wappen aus Anker, Steuerrad und Helm, hergestellt von Forges de la Biesme, einer Eisengießerei in Bouffioulx bei Charleroi. Das Unternehmen wechselte mehrfach Namen und Besitzer und ging 1936 in größeren Stahlwerken auf. Aber für Antwerpen produzierte man zuvor diese riesigen, offenen Lagerschuppen. Bis 1903 wurden entlang des gesamten Ostufers der Schelde vom Ledeganckkaai im Süden bis zum Rijnkaai im Norden 29 derartige Pavillons eingeweiht. Übrig geblieben sind davon noch zwei, die am Jordaenskaai gleich auf der nördlichen Seite von Het Steen und eben der wunderbare Parkplatz mit der Einfahrt beim Sint-Annatunnel.

Ende des 19. Jahrhunderts versandete die Schelde. Um die Schifffahrt zu erhalten, wurde sie begradigt, verbreitert und vertieft. Dabei wurde die gesamte Bebauung des Scheldeufers abgerissen, um Platz für die Lagerschuppen zu schaffen. Heute wird der Blick auf den Strom wieder freigeräumt, um dort in neu gepflanzten Parks flanieren zu können.

Adresse Ernest Van Dijkkaai 34, 2000 Antwerpen | ÖPNV Tram 3, 4, 5, 7, 9, 15, Bus 22, 180–183, Station Groenplaats | Tipp Auch früher ging man am Zuider- und Noorderterras spazieren, nur eben hinter den Lagerschuppen. Der Pavillon Zuiderterras wurde 1989 nach einem Brand neu gebaut und lehnt sich an Architekturkonzepte des Bauhaus an. Das Restaurant RAS trägt einen Michelin-Stern.

80 Der Plüschtraum

High Tea mit Stil im »Domestic«

Sophie Verbeke arbeitete als Designerin für Dries Van Noten in Paris und lernte dort Julien Burlat, einen angehenden Sternekoch aus Saint-Étienne kennen und lieben. Drei Kinder folgten, 2002 dann der Weg nach Antwerpen. Im Kuppelsaal einer ehemaligen Bank gründeten sie das »Dôme«, und gegenüber das »Dôme sur Mer«. Nach 15 Jahren verkaufte das Paar beide erfolgreichen Restaurants. Man soll gehen, wenn es am schönsten ist – und sich neuen Ideen zuwenden.

Denn drei Jahre zuvor hatte sich das Paar einen Traum erfüllt und eine Bäckerei unweit des Zentrums übernommen. »Domestic« heißt sie, im Sinne von traditionell, hand- und hausgemacht. Sie ist weiterhin in Burlat-Familienhand, gemeinsam mit Chefbäcker Michael Saelen. Alles läuft nach bewährtem Muster: Julien zeichnet für die herausragende Qualität das Essens verantwortlich, und Sophie kümmert sich um den Rest. Und wie. Zum Glück hat die Welt der Instagram-Enthusiastinnen das erste Stockwerk des schmalen Hauses an der belebten Kreuzung Oudaan noch nicht entdeckt, sonst gäbe es vermutlich kein Halten mehr: ein Traum in Plüsch. Der eine Salon zum Innenhof ist ganz in Altrosa gehalten, der zweite zur Straße senffarben. Und das im stuckverzierten Altbau mit Bleiglasfenstern und Kamin. Eine optische Sensation. Doch für die Einrichtung der Etage gilt das Gleiche wie für die Kuchen im Geschäft darunter: Es darf süß sein, aber es muss einen Kick haben.

Domestic ist in allererster Linie eine sehr gute Bäckerei, die auf Qualität und Handwerk setzt, und so wird in der Filiale im Zentrum ein stilechter, klassisch britischer High Tea serviert, das heißt Kaffee oder Tee nach Wahl, dazu hausgemachtes salziges und süßes Gebäck, Scones und auch Suppe. Man sollte sich ungefähr zwei Stunden Zeit nehmen, um die britische Institution des High Tea, kredenzt von einem Franzosen und seiner belgischen Ehefrau, zu genießen.

Adresse Lange Gasthuisstraat 5, 2000 Antwerpen, Tel. +32/(0)3/5000568, www.domestic-bakkerij.be | **ÖPNV** Tram 4, 7, Station Oudaan | **Öffnungszeiten** Di–Sa 8.30–18 Uhr, High Tea Do–Sa 11–16 Uhr | **Tipp** Kaum 100 Meter entfernt befindet sich seit 1884 die Bäckerei Goossens. Bis heute steht man für Zitronentarte, Spekulatius, Rosinenkuchen und natürlich Handjes bisweilen Schlange vor dem Geschäft (Korte Gasthuisstraat 31).

81 Die Prachtstraße

Cogels-Osylei ist ein Jugendstil-Traum

Nicht im Stadtzentrum, sondern eher etwas randständig in Zurenborg finden Architekten und Jugendstil-Enthusiasten ihr Eldorado. Cogels-Osylei ist eine Straße von erlesener Pracht. Auf einer Strecke von 500 Metern stehen 88 Gebäude, Einzelvillen und als Gruppe konzipierte Einheiten, sämtlich zwischen 1894 und 1908 gebaut, heute komplett unter Denkmalschutz. Jedes einzelne der Häuser wäre Kunsthistorikern Elogen wert. Zusammen bilden sie ein bestens bewahrtes Belle-Époque-Viertel: viel Eklektizismus und noch viel mehr Jugendstil. Art nouveau in Antwerpener und Brüsseler Ausprägung, nicht nur für Kunstkenner atemberaubend. Und die benachbarten Waterloo- und Transvaalstraat stehen dem in nichts nach.

Bei Haus Wasserlilie (Nummer 42) aus dem Jahr 1900 ist das Sgrafitto an der Brüstung unter dem Dach nicht erhalten, wohl aber die geschnitzte Tür, der Wintergarten darüber und vor allem der Holzerker vor dem runden Fenster im zweiten Stock. Haus Iris de Lischbloem gleich nebenan zeigt ein völlig asymmetrisches Dach mit einer Iris auf dem First und schwungvollen Schmiedearbeiten als Türverzierung. Rose (46) und Sonnenblume (50), beide von Jules Hofmann (1859–1919), bekannt als Victor Horta Antwerpens, gelten als Jugendstil-Ikonen. Der Morgenstern (55) von Jos Bascourt präsentiert ägyptisch anmutende Reliefs und Verzierungen, die sich in den Häusern Lotus und Papyrus vom selben Architekten in der Transvaalstraat wiederfinden. Das Haus Tierkreiszeichen (61) wird wegen der Kugel auf dem Flachdach oft mit Haus Sonnenuhr (59) in spätem Jugendstil von 1909 verwechselt. Am Haus Quinten Matsys (80) erkennt auch der Laie den Unterschied zum verspielteren Brüsseler Jugendstil. Nicht nur der kreisrunde Dacherker erinnert stark an Saint-Cyr am dortigen Square Ambiorix. Bestechend auch die Ensembles Karl der Große (6–12), De Biekens (70–72) und Sonne, Mond und Sterne (25–29).

Adresse Cogels-Osylei, 2600 Antwerpen | ÖPNV Tram 4, 11, 19, Bus 21, 30, 32, 38, 51, 90, 91, 92, Station Berchem-Station | Tipp Nur die benachbarten Gebäude mit den Hausnummern 29a und 31b sind neueren Datums. Christine Conix' modernistischer Entwurf von 1989 fällt komplett aus dem Rahmen, verweigert konsequent jede Anpassung an die Umgebung und sucht den Kontrast.

82 Das Relief

Das Meisterwerk des Cornelis Floris

Das Maagdenhuis gehört zu den unbekannteren Museen der Stadt – und das liegt nicht daran, dass es kurioserweise der Sozialfürsorge und nicht dem Kulturamt untersteht. Die Besonderheit hat geschichtliche Wurzeln, liegt darin begründet, dass das stattliche Gebäude von 1552 bis 1882 ein Waisenhaus für bis zu 100 Mädchen war. Über 300 Jahre lang lernten sie hier vor allem nähen, klöppeln, spinnen und kochen – nur in guten Zeiten auch lesen und schreiben – um später als Hausmägde vermittelt zu werden. An Nachschub herrschte nie Mangel, im mittelalterlichen Antwerpen war Betteln bei Strafe verboten, Arbeit Pflicht. Der Hunger zwang Landarbeiterfamilien in die Städte, der Arbeitsmangel trieb sie dazu, ihre Kinder zu Waisen zu erklären. Für die Reichen waren Spenden der Express in den Himmel. So entstanden das Maagden- und das Knechtjeshuis.

Die helle Sandsteinfassade entstammt der Renovierung von 1634. Das Relief über dem Eingangsbogen ist jedoch rund 70 Jahre älter und wird Cornelis Floris de Vriendt (1514–1575) zugeschrieben. Der flämische Bildhauer, Teil einer Dynastie hochbegabter Steinmetze, war in ganz Europa tätig, schuf das Grabmal im Schleswiger Dom für Friedrich I. von Dänemark und das für Anna Maria von Preußen im Dom zu Königsberg. Auch der Entwurf für das stilprägende Rathaus von Antwerpen stammt aus seiner Feder. Cornelis Floris gilt zusammen mit seinem Bruder Frans als Wegbereiter der sogenannten Nordischen Renaissance, eines Baustils, der sich mit der Hanse von den Niederlanden über Skandinavien bis ins Baltikum ausbreitete.

Das Basrelief vor dem Maagdenhuis zeigt links eine große Gruppe von Waisenmädchen mit ihrem Lehrer und rechts den Einzug in das Haus, möglicherweise auch das Abgeben eines Mädchens an der Pforte. Eingerahmt wird die Szene von zwei Hermesfiguren, und von oben lehnt sich schützend eine Gottesfigur herab, darüber Christus als guter Hirte mit Schafen und Taube.

Adresse Lange Gasthuisstraat 33, 2000 Antwerpen, Tel. +32/(0)3/4359910, www.maagdenhuis.be | **ÖPNV** Tram 4, 7, Station Mechelseplein | **Öffnungszeiten** Di–So 10–17 Uhr | **Tipp** Die Eichenstatue »Hölzerne Clara« soll das Vorbild zu Hendrik Consciences gleichnamiger Erzählung sein. Ursprünglich eine Treppenfigur, steht sie heute unter der Balustrade des schönen Innenhofs.

83 Das Relikt

Semini oder der Priapus von Het Steen

Viele Touristen starten ihre Antwerpen-Tour bei Het Steen. Die Burg ist das älteste Gebäude der Stadt, hier steht der Wapper, hier sind die Anleger für die Wasserbusse und die Fähre nach Linkeroever, das Tourismusbüro und die Ausstellung »The Antwerp Story«. In einem guten Führer liest man, dass Richard Wagners »Lohengrin« in der Burg spielt und dessen Regieanweisungen zur Oper ein wichtiges Vorbild für Schloss Neuschwanstein waren. Het Steen wird im 12. Jahrhundert erstmals erwähnt, dürfte aber bedeutend älter sein und aus der Karolingerzeit stammen. Von Land aus betrachtet ist sie eine mittelalterliche Festung, aber zur Wasserseite hin ist die Burg aufgerissen und ohne jede Bewehrung.

So weit, so offensichtlich. Oft übersehen wird dagegen eine kleine Figur mittig über dem Eingang – oder das, was davon noch übrig ist. Sehr viel ist ohne Fernglas oder Teleobjektiv vom Semini, wie ihn alte Antwerpener nennen, nicht zu erkennen. Das Basrelief taucht seit 1512 in Beschreibungen auf, ist aber höchstwahrscheinlich bedeutend älter. Woher der Name kommt, liegt im Dunkeln. Es dürfte wohl eine flämische Verballhornung von »Jesu Domine« sein, könnte aber auch von »Gott Gymneas« abgeleitet sein, als Verweis auf die ballettartige Haltung des Mannes.

Dass ein Mann dargestellt wurde, ist gesichert. Als die Jesuiten 1587 zurück in die Stadt kamen, ließen sie sämtliche »unchristlichen Götzenbilder« entfernen oder verstümmeln, und dabei wurden dem Semini Gesicht, Hände und vor allem der unverhältnismäßig große, erigierte Penis abgeschlagen. Die Figur war ein Fruchtbarkeitssymbol, ein Priapus, und als solcher den Jesuiten ein Dorn im Auge. Zu sehen ist davon nichts mehr, im Gegenteil, das Relief verwittert weiter und verliert sich im Stein.

Aber seit einigen Jahren findet zu dessen Ehren ein Frühlingsfest mit Gesang und Tanz statt, und junge Paare erhalten einen sogenannten Semini-Kuchen.

Adresse Steenplein 1, 2000 Antwerpen, Tel. +32/(0)3/2320103 | ÖPNV Tram 3, 4, 5, 7, 9, 15, Bus 22, 180–183, Station Groenplaats | Öffnungszeiten täglich 10–18 Uhr | Tipp Das Beschneidungsfenster in der Liebfrauenkathedrale verweist auf das eigentümliche Verhältnis der Jesuiten zu Geschlechtlichem. Hier wurde das »Sanctum Praeputium Domini«, die Vorhaut Christi, als heilige Reliquie verehrt, wie im Übrigen auch in Poitiers, Siena oder im Kloster Andechs.

84 Die Ringe

Das olympische Original von 1920

Nichts und niemand erinnert sich an die Olympischen Spiele in Antwerpen, die kurz nach den Verheerungen des Ersten Weltkriegs im Sommer 1920 in der Stadt stattfanden. Das Gros der Menschen hatte andere Probleme, ob nun in Belgien oder sonst wo auf der Welt. Trotzdem nahmen 29 Nationen und knapp 2.600 Sportler teil, trugen insgesamt 156 Wettbewerbe aus, darunter so Exotisches wie »Bogenschießen auf bewegliches Vogelziel«, aber auch Eishockey und Eiskunstlauf.

Die Stars der Spiele waren der finnische Wunderläufer Paavo Nurmi (1897–1973), der seine ersten drei Goldmedaillen gewann, und die französische Ausnahme-Tennisspielerin Suzanne Lenglen (1899–1938). Ein Brite namens Philipp John Noel-Baker (1889–1982) gewann Silber über die 1.500-Meter-Strecke. Neun Jahre nach den Spielen zog er für Labour ins britische Unterhaus ein, 1946 wurde er Parteivorsitzender. 1959 erhielt Noel-Baker den Friedensnobelpreis – einzigartig in der olympischen Geschichte. Deutschland, Österreich, Bulgarien, Ungarn und die Türkei waren von den Spielen ausgeschlossen, die Sowjetunion hatte die Einladung abgelehnt.

Antwerpen 1920 brachte zwei entscheidende Neuerungen: Erstmals wurden die olympischen Ringe gezeigt, und ein Sportler sprach den olympischen Eid. Heute gehören die fünf farbigen Ringe zu den bekanntesten Symbolen der Welt, und man ordnet sie sofort den Olympischen Spielen zu. Die Fahne, ein Entwurf von Pierre de Coubertin selbst, wurde damals noch relativ unprätentiös zu Beginn der Spiele gehisst und am letzten Tag wieder eingeholt.

Im ehemaligen Olympiastadion im Stadtteil Kiel ganz im Süden kickt heute der Zweitligaverein Beerschot. Erst zum 100. Jahrestag erinnerten sich Stadt und IOC an die zentrale Neuerung, die Antwerpen der olympischen Bewegung gebracht hat, ihr Symbol. Jetzt findet man sie wieder, wenn auch ziemlich versteckt, in einem winzigen Park im ehemaligen Olympiagelände.

Adresse Julius de Geyterstraat 160, 2160 Antwerpen | ÖPNV Tram 2, Station Wilrijk Sportstraat; Bus 2, 22, Station Schijfwerper | Tipp Auf dem Gelände des ehemaligen Olympiastadions erinnert eine Bronzedame, die Ringe wirft, an die Gefallenen oder im Widerstand getöteten Mitglieder des AC Beerschot. Albéric Collin, der 1920 die Bronzemedaille für Kunst gewann, ist ihr Schöpfer. Seine berühmteste Plastik ist der Elefant vor dem Afrikamuseum Tervuren.

85 Die Rolltreppen

In die Tiefe rollt man auf Holz

In Antwerpen überquert keine einzige Brücke die Schelde, um den Schiffsverkehr nicht zu behindern. Schon immer. Wenn man nicht über den Fluss kommt, muss man unter ihm hindurch. Als das linke Ufer als Stadtteil erschlossen wurde, brauchte es daher zwingend Tunnel. Der Stadtrat entschied, gleich zwei zu bauen: einen für Fahrzeuge (Waasland) und einen für Fußgänger. Und so entstand ab 1931 der Sint-Annatunnel. Beide Verbindungen wurden vorfristig im September 1933 eingeweiht.

Der Sint-Annatunnel – seit 1990 mit übergroßem Fahrstuhl auch für Behinderte und Fahrer von Lastenrädern zugänglich – verdient besondere Beachtung. Er ist eine Schönheit ohnegleichen. Art déco sowohl die Eingangstürme auf beiden Ufern als auch das gesamte Interieur. Höhepunkt sind die beiden Rolltreppen komplett aus Holz. In zwei Stufen transportieren jeweils zwei parallele bewegliche Treppen tagtäglich Tausende Nutzer gut 30 Meter unter die Oberfläche. Sie stammen alle acht – vier auf jedem Ufer – aus dem Ursprungsjahr und sind seitdem nahezu pausenlos in Betrieb. Erste, noch seltene, weil teure Rolltreppen wurden zu Beginn des 20. Jahrhunderts üblicherweise aus Holz gefertigt, schon weil sie so die Anmutung von edler Täfelung verbreiteten. Nur wenige sind übrig geblieben. Die im New Yorker Kaufhaus Macy's datiert auf das Jahr 1902; allerdings sind nur noch die Seitenwände aus Holz, die Stufen wurden längst aus Metall ersetzt. Anders in Antwerpen, hier ist alles original. Typisch Antwerpen, möchte man sagen: ein hochmodernes, Fußgänger, Radfahrer und Autos gleichrangig behandelndes Verkehrskonzept in einer alten Hülle. Allein: Auch das Konzept ist schon alt.

Die Tunnelröhre, 4,3 Meter breit und 572 Meter lang, ist übrigens um einiges länger als die Schelde breit. Auf der Altstadtseite sollte sie erst deutlich hinter den Dämmungsmauern der Schelde gegen Sturmfluten zurück ans Tageslicht kommen.

Adresse Sint-Annatunnel, 2000 Antwerpen | ÖPNV Tram 3, 4, 5, 7, 9, 15, Bus 22, 180–183, Station Groenplaats | Öffnungszeiten immer zugänglich | Tipp Auch der Kennedytunnel – rund drei Kilometer südlich – hat neben dem Pkw-Tunnel der E 34 eine eigene Fahrradröhre. Etwas nördlich startet bei Het Steen die kostenlose Sint-Anna-Fähre.

86 Das Roma

Die Geschichte eines Kinosaals

Der östlich des Zentrums gelegene Stadtteil Borgerhout wird meist als lebhaft und multikulturell beschrieben, will sagen, dass knapp zwei Drittel der Bürger keine oder nicht ausschließlich belgische Wurzeln haben. Aber viele fanden und finden ihr Glück hier, zum Beispiel der Bauunternehmer Jean-Baptiste Romeo und seine Frau Ludvina Malef. Ende der 1920er Jahre bauten sie einen mächtigen Komplex aus Kinosaal mit Bar und diversen Wohnungen an das Straßeneck Turnhoutsebaan / Appelstraat und nannten ihn »Roma«. Keine Anspielung auf die ewige Stadt, sondern eine Kombination der beiden Nachnamen.

Als das Roma 1927/28 entstand, war es mit 2.000 Sitzplätzen das bei Weitem größte Kino von ganz Antwerpen. Der prächtige Art-déco-Bau mit großer Bühne und Balkon und einer tollen Bar im weitläufigen Foyer wurde immer auch als Konzerthalle genutzt. Zarah Leander und Mireille Matthieu sind hier aufgetreten, Paul McCartney und Lou Reed, Bill Haley, James Brown und Iggy Pop. Aber 1982 war Schluss, das Roma wurde zugesperrt. Sehr zum Ärger der Besucher und Anwohner im Viertel, aber das Kulturzentrum von Borgerhout rentierte sich einfach nicht mehr.

20 Jahre später begannen Freiwillige mit einer ersten Renovierung und eröffneten 2003 die Halle, sagen wir halblegal. In drei Jahren kamen trotz sehr beschränkter Öffnungszeiten über 110.000 Besucher, was dem Roma 2007 einen Preis für erstklassige kulturelle Aktivitäten und die soziale Unterstützung in einem vernachlässigten Viertel einbrachte. 2015 folgte eine weitere Generalrenovierung, wieder mit Hilfe vieler Freiwilliger. Die neue Soundanlage ist nun »State of the Art«, was bei der halbrunden Decke nicht trivial ist. Treppenhaus und Decken, Lampen und Bar, alles ist weitgehend originalgetreu.

Das Roma ist wieder Bürger- und Kulturzentrum sowie Treffpunkt des Viertels und gilt zu Recht als der mit Abstand schönste Konzertsaal von Antwerpen.

Adresse Turnhoutsebaan 286, 2140 Antwerpen, Tel. +32/(0)3/6001660, www.deroma.be | ÖPNV Tram 24, Bus 20, 410, 415–417, Station Borgerhout De Roma | Öffnungszeiten Saal und Restaurant Amor bei Veranstaltungen; Führungen mit Rob Gielen: rob@deroma.be | Tipp Ein echter Blickfang ist das Gemeindehaus Borgerhout im Stil der flämischen Renaissance von 1886, besonders das imposante Treppenhaus (Moorkensplein 1). An dem schönen Platz locken zudem einige nette Restaurants, darunter die Weinbar »Glou-Glou«.

87 Das Roosmalen-Haus

Der Loos-Entwurf für Josephine Baker

Um es vorwegzunehmen: Die große Josephine Baker (1906–1975) hat hier nie gewohnt. Mehr noch: Zu ihren Lebzeiten gab es das Haus nicht einmal. Und doch war es für sie erdacht. Die Architektur stützt sich erkennbar auf einen nie umgesetzten Entwurf von 1928, den der österreichische Architekt und Journalist Adolf Loos (1870–1933) für das Pariser Wohnhaus der Diva gezeichnet hatte, mit einer Fassade in horizontalen schwarzen und weißen Streifen.

Das gestreifte Haus an der Ecke Goedehoopstraat und Sint-Michielskaai markiert den Startschuss zur Aufwertung der südlichen Innenstadt. Es ist bedeutend jünger, als man vermuten möchte. Der preisgekrönte Bau der ArchitectenWerkGroep um bOb Van Reeth im Auftrag des Innenarchitekten Will van Roosmalen wurde erst 1985 bis 1988 umgesetzt. Innen bietet er Platz für zwei offenbar ziemlich geräumige Wohnungen.

Kaum jemand geht so einfach an dem auffälligen Bau vorbei. Der Verweis auf kubistische Ideen ist Absicht, orientiert sich auch damit an Loos, der seinerseits von den Bauten der griechischen Inseln beeinflusst war. Auch eine maritime Ausstrahlung ist dem Haus am Kai mit den runden, an Bullaugen erinnernden Fenstern nicht abzusprechen. Loos vertrat die Ansicht, ein Haus habe der Bequemlichkeit zu dienen, nicht den Vorstellungen des Architekten. Ansonsten lehnte er alles Ornamentale kategorisch ab, schätzte strenge Entwürfe, die Verwendung edlen Materials und handwerkliche Akkuratesse. Letzteres scheint seinen Nachfolgern nicht so ganz gelungen zu sein. Schon nach 30 Jahren war die Fassade renovierungsbedürftig, weil sich Risse in den Fugen zwischen den Streifen gebildet hatten.

Immerhin, das Haus wäre wohl groß genug für Josephine Baker und ihre zwölf Adoptivkinder unterschiedlicher Hautfarben gewesen. Die Résistance-Kämpferin, die als erste schwarze Frau ins Pariser Panthéon aufgenommen wurde, protestierte so gegen Rassismus.

Adresse Goedehoopstraat 1, 2000 Antwerpen | ÖPNV Tram 4, 7, Bus 22, 180–183, Station Tropisch Instituut | Öffnungszeiten nur von außen zu besichtigen | Tipp Das imposante Waterpoort aus dem Jahr 1624 war ursprünglich tatsächlich ein Tor in der Stadtmauer hin zum Wasser der Schelde, aber gleichzeitig ein Ehrenmal für Philipp IV. von Spanien. Lange wurde der Erstentwurf fälschlicherweise Rubens zugeschrieben.

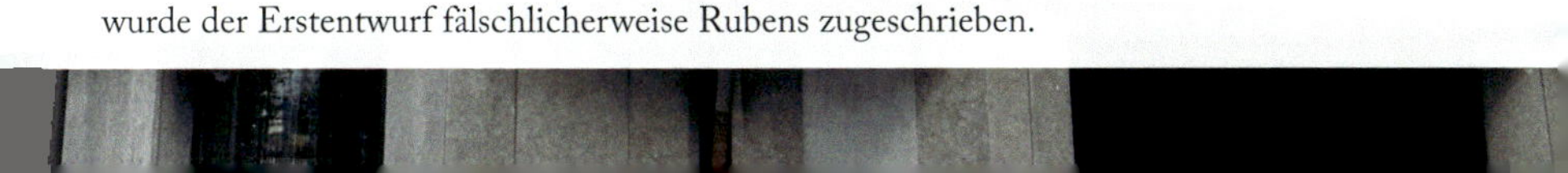

88 Die Rubenskathedrale

Die Liebfrauenkirche ist auch Galerie

Bedeutende Kirchen sind Gotteshaus, historisches Monument und Museum in einem. Für die Liebfrauenkathedrale gilt das in besonderer Weise. 1352 begannen die Bauarbeiten an der gotischen Kathedrale auf den Fundamenten ihrer romanischen Vorgänger, um 170 Jahre später für beendet erklärt zu werden. Fertig wurde das Gebäude aber nie. Es wurde mehrfach komplett ausgeplündert, als Viehstall missbraucht und immer wieder renoviert, zuletzt 1993. Mit 123 Metern hat die Kirche den höchsten Turm der Benelux-Staaten, allerdings nur einen. Mit ihrer Größe von 119 mal 53,5 Metern ist sie riesig, aber sie wirkt anmutig leicht, fast filigran.

Das Neben- und Miteinander von alter und moderner Kunst im Inneren ist einzigartig, überstrahlt durch die Werke von Peter Paul Rubens. Liebhaber des flämischen Meisters aus Siegen besuchten schon immer die Liebfrauenkirche, hängen doch in der Kathedrale vier seiner wichtigsten Gemälde, alle entstanden zwischen 1609 und 1627. Sie zeichnen sich durch starke Emotionen und barocke Dramatik aus: das mächtige Altarbild »Maria Himmelfahrt« sowie die drei Triptychen »Die Auferstehung Christi«, »Die Kreuzabnahme« und »Die Kreuzaufrichtung«, letztere ursprünglich aus der geschleiften St.-Walburgis-Kirche. Rubens' Kreuzabnahme wird seit 2018 kontrastiert durch ein Werk von Sam Dillemans mit demselben Titel, eine Hommage an den alten Meister. In einer Nische der Außenmauer steht das Pieter-Appelmans-Monument von Jef Lambeau.

Nah dem Eingang prangt golden der »Mann, der das Kreuz trägt«, von Jan Fabre. Die Kanzel von Michiel van der Voort (1713) und das Chorgestühl von Francois Durlet (1840) sind Kunstwerke von Weltrang. Und dann ist da noch die Musik: Drei Berufsmusiker bespielen die neue Schwalbennestorgel von Metzler (1993) und die 90 Register der 100 Jahre älteren Schyven-Orgel. Nicht zu vergessen das gewaltige klangvolle Carillon mit seinen 47 Glocken.

Adresse Groenplaats 21, 2000 Antwerpen, Tel. +32/(0)3/2139951, www.dekathedraal.be | ÖPNV Tram 3, 4, 5, 7, 9, 15, Bus 22, 180–183, Station Groenplaats | Öffnungszeiten Mo–Fr 10–17 Uhr, Sa 10–15 Uhr, So 13–17 Uhr | Tipp Die kleine, nur sonntags geöffnete Bar in der Kirche heißt »De Plek«. Auf der Karte stehen die Hausbiere Aurora und Memento sowie Snacks und Kuchen. Außerdem verfügt De Plek über eine Terrasse mit einem Blick auf die Kathedrale, den es sonst nirgends gibt.

89 Die Schifferkirche

Sint-Jozef ist tatsächlich ein Schiff

Die Antwerpener Variante von »Schwerter zu Pflugscharen« ist ein Schiff mit dem Namen »Sint-Jozef«. Es ist knapp 96 Meter lang, 14,25 Meter breit und wiegt von 3.800 Tonnen. Es wurde von einer französischen Firma in Rotterdam im Auftrag von Hitlers Wehrmacht gebaut. Gedacht war es als Nachschubstation für deutsche U-Boote auf dem Weg nach England. Es hat – sehr ungewöhnlich – einen Rumpf aus Beton, damit magnetische Minen nicht anhaften konnten. Nach zweijähriger Bauzeit wurde der Tanker in spe nach Antwerpen geschleppt, um hier fertiggestellt zu werden. Aber die Stadt wurde befreit, bevor die »Citank« je einen Kriegseinsatz fuhr. 1950 kaufte das Erzbistum Mechelen-Brüssel das Schiff der belgischen Regierung ab und verwandelte den Kriegstanker in ein Kirchenschiff, benannt nach dem heiligen Josef.

Über 60 Jahre wurde die Seelsorge für Matrosen im Außenhafen betrieben, seit 2013 liegt das Kerkschiff nun näher am Zentrum am Houtdok-Noordkaai vor Anker, versieht hier weiter vollen kirchlichen Dienst für Dockarbeiter und Binnenschiffer, Hafenpersonal und Angestellte der umliegenden Industriebetriebe – und natürlich auch für Neugierige und Touristen. Regelmäßig wird die Sonntagsmesse begangen, aber auch Taufen und Hochzeiten werden gefeiert. Das Schiff kann besichtigt werden.

»Sint-Jozef« bietet Platz für gleich zwei Kapellen, eine große für bis zu 350 Menschen im Bug – Weihnachten ist die voll besetzt – und eine täglich geöffnete kleinere für 60 Personen im Heck. Dazwischen liegt die öffentliche Schiffskantine, das Eetcafé samt Kombüse, und auch die Wohnung für den Priester. In der großen Kapelle zeigen Bleiglasfenster biblische Szenen mit maritimem Bezug, von der Sintflut über die Arche Noah und den Fischzug bis zur »Speisung der Viertausend«, dazu Schiffsglocken, Anker und Steuerrad. Im kleinen Andachtsraum steht ein Taufbecken aus poliertem Kupfer in Form eines Schiffsrumpfs.

Adresse Houtdok-Noordkaai 25, 2030 Antwerpen, Tel. +32/(0)3/4820282, www.kerkschip-antwerpen.be | **ÖPNV** Tram 24, Station Havenhuis | **Öffnungszeiten** Di–Sa 10–21 Uhr, So ab 9 Uhr | **Tipp** In Belgien gibt es drei weitere Kirchenschiffe in Gent, Lüttich und Charleroi. In Deutschland findet man je eines in Berlin und Hamburg und zwei in Duisburg. Die »Antwerpse Brouw Compagnie« in der Indiestraat 21 ist ein Geheimtipp, selbst gebrautes Bier und Snacks im schönen Noorderpershuis.

90 Das Schwimmbad

Der Art-déco-Wellnesstempel von Stuivenberg

Alteingesessene Antwerpener nennen den nordöstlichen Stadtteil Seefhoek in der Regel Stuivenberg und meinen vor allem das große Krankenhaus, berühmt für Traumatologie und Psychiatrie. Vincent van Gogh hat den Winter 1885/86 in diesem armen Arbeiterviertel verbracht, aber sonst gebe es eher wenig Nennenswertes, heißt es. Stimmt aber nicht.

Das große Schwimmbad von 1933 in der Stuivenberger Veldstraat sucht seinesgleichen. Es ist das älteste originalgetreu erhaltene öffentliche Bad in Belgien, und ist es bildschön, eine Mischung aus Modernismus und Art déco. Der Entwurf von Daniel Joseph Algoet (1889–1952/Technik) und Emiel van Averbeke (1876–1946/Architektur) ist aber nicht nur eine Augenweide, sondern hochfunktional, sowohl für Schwimmer und Nutzer der öffentlichen Duschen als auch für die Betreiber, was Heiz- und Lüftungstechnik angeht. Eine technische Renovierung der bereits in den 1930er Jahren auf Nachhaltigkeit ausgelegten Anlage war erst 2006 nötig und dauerte drei Jahre. Zum Glück wurden dabei sämtliche Denkmalschutzrichtlinien eingehalten, einiges sogar in den ursprünglichen Zustand rückversetzt. Das 33,3 Meter lange Becken blieb samt Carrelage ebenso erhalten wie die Buntglasfenster auf der fast umlaufenden Empore oder die Art-déco-Umkleiden und -Treppenhäuser.

Im Souterrain wurde der ehemalige Technikbereich mit belgischem Blaustein passend im gleichen Stil zu einem großzügigen, sehr gediegenen Wellnessbereich umgebaut, ausgestattet mit Hammam, Sauna, verschiedenen Bädern und Jacuzzi, inklusive Außenbereich, Bar und kleinem Separatpool. Der Wellnessbereich ist über den zweiten Eingang im Oude Badhuis zugänglich und bietet Massagen, Peelings und weitere Behandlungen. Zudem gibt es Aerobic-, Tanz- und Fitnessbereiche. »Sportoase« betreibt in Belgien fast 20 Hallenbäder, aber das von Stuivenberg ist einzigartig. »Schöner schwimmen« könnte das Motto lauten.

Adresse Veldstraat 83, 2060 Antwerpen, Tel. +32/(0)3/2905555, www.sportoase.be | ÖPNV Tram 2, 3, 5, 15, Station Handel; Tram 12, Bus 30, Station Halenstraat | Öffnungszeiten Mo–Fr 7–22 Uhr, Sa, So 8–18 Uhr; Di, Do 12–13 Uhr nur für Frauen; Wellnessbereich ab Mittag | Tipp In der Lange Beeldekenstraat 224 erinnert eine Tafel daran, dass Vinvent van Gogh im Hinterhaus lebte. Das wunderbare Kino Filmhuis Klappei besteht dank viel freiwilliger Helfer und Unterstützung weiter. Am nahen Vincent van Goghplein zieren 106 Porträts von Anwohnern eine Wand.

91 Die Siedlung

Eine fast vergessene Gartenstadt

Die Bewohner des Viertels östlich vom Buchenbergpark wissen seit 100 Jahren, wie schön es hier ist. Die Stadt Antwerpen hat dagegen erst spät begriffen, was für ein Juwel sie dort hat. Anfang der 2000er Jahre wurden erste Häuser der Unitas-Siedlung unter Denkmalschutz gestellt, 2019 dann die gesamte in den 1920er Jahren genossenschaftlich auf einer fünf Hektar großen Fläche errichtete Gartenstadt: 199 Häuser im englisch anmutenden Stil, alle mit ummauertem Vorgarten und noch viel mehr Grün hinter den Gebäuden zwischen den Längsachsen Unitas- und Oudedonklaan.

1898 entwickelte der britische Sozialist Ebenezer Howard ein Modell zur Stadtplanung, das die miesen Wohnverhältnisse individuell verbessern und der weiteren Verslumung der Städte entgegenwirken sollte. Genossenschaftliche Gartenstädte waren seine Lösung, finanziert zu guten Teilen aus dem Gewinn der Bodenumwandlung von billigem Acker- in teures Bauland. Der Erste Weltkrieg verhinderte zahlreiche solcher Bauprojekte.

Im Juli 1923 gründeten Arbeiter und Angestellte in Antwerpen die erste Unitas-Kooperative und beauftragten Eduard Van Steenbergen (1880–1952) mit dem Bauplan. Dessen Entwurf sah vier einander sehr ähnliche Grundtypen von Doppelhäusern vor, deren Hauptunterschied in der Fassadenbreite und der Grundfläche bestand. Die Häuser sollten an leicht geschwungenen Straßen aufgereiht werden, ihre rückwärtigen Gärten zu einem Park zusammenwachsen. Um Uniformität zu vermeiden, sollten schmale Querstraßen engere Nachbarschaften schaffen und die Haustypen zu unterschiedlichen Gruppen zusammengefügt werden.

Zwischen 1924 und 1932 entstand die Unitas-Siedlung in drei Bauabschnitten. Kaum etwas hat sich seitdem geändert. Unterdessen existiert ein Bebauungsplan, um das architektonische und ökologische Erbe zu erhalten – bei gleichzeitiger Anpassung an moderne Standards hinsichtlich Komfort und Energieverbrauch.

Adresse Unitaslaan, Oudedonklaan, 2100 Antwerpen | ÖPNV Tram 9, Station Deurne Jozef Verboven; Bus 20, Station Unitaslaan | Tipp Van Steenbergens Bauten – teils Art déco, teils Modernismus – sind vielfach denkmalgeschützt und nur von außen zu besichtigen, etwa in der Canadezenlaan 61 (Kalmthout), in der Arthur Goemaerelei 93, in der Strijdhoflaan 91. Auch das Rathaus Deurne am Maurice Dequeeckerplein 1–2 stammt aus seiner Hand.

92 Der Silo

Zeitgenössische Kunst am ungewöhnlichen Ort

Am südlichen Scheldekai hat sich seit einigen Jahren eine muntere Szene von Galerien, Cafés und angesagten Restaurants angesiedelt. Aber ein Museum in einem Getreidesilo unterzubringen, dazu gehört schon etwas, selbst in einer so experimentierfreudigen Stadt wie Antwerpen. Doch das »MHKA« präsentiert moderne, zeitgenössische Kunst im ehemaligen Kornspeicher samt zugehörigem Lagerhaus. Im Zentrum der Ausstellungen stehen Werke aus diesem Jahrtausend. Das Museum versteht sich als Ort ständiger Bewegung, bietet neben den jährlich wechselnden Ausstellungen Raum für Debatten, Konzerte und ein Museumsfrühstück.

Moderne Kunst polarisiert häufig: Manche finden sie genial, andere eher unbeschreiblich. Das gilt auch und gerade bei diesem Haus, dessen Gründung einen starken Bezug zum amerikanischen Konzeptkünstler Gordon Matta-Clark (1943–1978) hat, dessen Stiftung seit 1987 die Basis der ständigen Ausstellung ist. Studierter Architekt, wie schon sein Vater, der bekannte Surrealist Roberto Matta, erlangte Matta-Clark Bekanntheit mit sogenannten »cuttings«, Einschnitten in Häuser, die unerwartete Ein- und Ausblicke schaffen.

Wie immer man die ausgestellte Kunst bewertet, der Ort selbst ist beeindruckend. Dabei ist der emblematische zylindrische Turm an einer der drei Spitzen des tortenstückartigen Baus nicht, wie viele meinen, der Silo, sondern ein 1992 speziell für die Museumsbelange zugefügter Anbau. Der ehemalige Speicher verbirgt sich hinter der Jugendstil-Fassade um den Haupteingang. In der Lobby sind auch nach den Umbauten noch Reste erhalten, die auf die frühere Verwendung verweisen.

Bevor Michel Grandsard den Silo zum Museum umbaute, diente er unter dem Namen »The Palace« eine Zeit lang als Nachtclub. Der Vorläufer des Museums für zeitgenössische Kunst trug seinerseits den Namen Internationaal Cultureel Centrum (I.C.C.) und residierte im Königspalast auf dem Meir.

Adresse Leuvenstraat 32, 2000 Antwerpen, Tel. +32/(0)3/2609999, www.muhka.be | ÖPNV Tram 4, 7, Bus 180–183, Station Museum | Öffnungszeiten Di–So 11–18 Uhr | Tipp Wenige Meter weiter lockt das Fotomuseum FOMU, ebenfalls seit 1986 in einem alten Lagerhaus untergebracht. Fotos renommierter Künstler treffen auf Bilder einheimischer Lichtbildner und die Sammlung Agfa-Gevaert (Waalsekaai 47).

93 Die Sommerbar

Viel Vergnügen im alten Industrieviertel

Im Norden Antwerpens, zwischen Hafen und Lobroekdok, bohrte sich ab 1873 der Hauptbetriebshof der belgischen Staatsbahn SNCB/NMBS wie ein riesiger Keil in die Stadt und trennte die Viertel Den Dam und Seefhoek voneinander. Tausende Menschen arbeiteten hier, aber nördlich des riesigen Industrieareals war »lost country«. Auf 24 Hektar Fläche wurden Güterzüge verladen und verkoppelt, es gab Stellwerke, den Rangierbahnhof und Werkstätten zur Wartung von Waggons und Lokomotiven. 2001 war Schluss.

Die SNCB verkaufte der Stadt die Brache zu einem symbolischen Preis und übernahm zusätzlich große Teile der Sanierungskosten. 2005 wurde begonnen, das Areal zum Naherholungsgebiet umzuwandeln. Das großbürgerliche Antwerpen war skeptisch, sah im Plan, einen so großen Park in diese Wohnquartiere zu bauen, nur Verschwendung von Steuergeldern. Doch Anwohnerinitiativen und umfangreiche Befragungen zeigten, dass Grünflächen mit Wanderwegen, Rad- und Laufstrecken, Liegewiesen und Grillplätzen dringend gewünscht wurden. Das Ergebnis hat nicht allein das Viertel, sondern die ganze Stadt aufgewertet: Wiesen, Gärten und Wäldchen, dazu Sportbereiche und ein großer Wasserspielplatz. Kein Chichi, sondern praktisch und funktionstüchtig und – besonders im Sommer – bestens angenommen.

Und dann ist da noch die »Bar Noord« im ehemaligen Lokschuppen. Der Bau am Viaduct-Dam ist für sich genommen eine Augenweide, und wenn dann ab April die mächtigen Tore auf der gesamten Länge aufgeschoben werden, entsteht ein Ort, der seinesgleichen sucht. Allein die Dimension ist atemberaubend: Die Halle bietet lässig Platz für 3.000 bis 4.000 Gäste – ohne das Sonnendeck davor. Die verglaste Decke ruht auf einem Stahlgerüst im Baltard-Stil, das gesamte Interieur ist dem Industriedesign angepasst. Ein wunderbarer Ort, um zu essen, mit Freunden ein Glas zu trinken, Musik zu hören und den Kindern beim Spielen zuzuschauen.

Adresse Viaductlaan 64–80, 2060 Antwerpen, Tel. +32/(0)36442446, www.barnoord.be | **ÖPNV** Tram 1, Station ZNA Cadix; Bus 23, Station Dam | **Öffnungszeiten** April–Sept. täglich 11–24 Uhr | **Tipp** Zwischen dem Park Spoor Noord und Lobroekdok liegt das alte Schlachthofviertel. Die Restaurants im Kwartier sind daher nichts für Veganer. Carnivoren sei das »Bart-à-Vin« und das »Piétrain« empfohlen.

94 Der Spediteur

Große Kunst im Hauptquartier der Logistiker

Katoen Natie startete 1855 als Genossenschaft im Antwerpener Hafen mit dem Transport von Baumwolle. Heute ist das Familienunternehmen ein weltweit tätiger Hafenbetreiber, Chemieproduzent und Logistiker mit einer speziellen Sparte für Kunsttransporte. Seinen Stammsitz hat das Unternehmen weiterhin in Hafennähe. Und dort, in der Van Aerdtstraat, wird es mehr als spannend, denn headquARTers ist sehr viel mehr als nur die Verwaltung eines weltweit tätigen Logistikers: eine grandiose, öffentlich zugängliche Galerie für moderne Kunst und dazu ein außergewöhnliches Museum für Textilien und Stoffe aus 3.500 Jahren.

Das berühmte Architektenduo Hilde Daem und Paul Robbrecht hat, um das alles unter einem Dach vereinen zu können, in den Jahren 1994 bis 2000 vier ehemalige Speicherhäuser aus dem 19. Jahrhundert um einen Neubau und einen Innenhof herum zusammengefasst. Altes Holz und Backsteinmauern bilden zusammen mit Metall-, Beton- und Glaskonstruktionen ein spannungsreiches Ambiente, sowohl für die alltägliche Arbeit der Unternehmensverwaltung als auch für Museum und Galerie. Der Mehrfachnutzen führt dazu, dass Visiten nur nach vorheriger Anmeldung möglich und einige Abteilungen der Galerie nur am Wochenende geöffnet sind.

Schwer zu sagen, was am meisten beeindruckt: die Architektur, die vorgestellte Kunst oder der Mut, Arbeit und Kultur in dieser direkten Form zusammenzubringen und öffentlich zugänglich zu machen. Wie das Wort nahelegt, neigen Privatsammler dazu, ihre wertvollen Stücke für sich allein zu betrachten. Nicht so Fernand Huts. Kein Museum der Welt verfügt über eine vergleichbare Sammlung an derart antiken Textilien, Stoffen und Kleidung. HeadquARTers präsentiert in fünf besonders gegen Licht geschützten Räumen textile Kostbarkeiten von ägyptischen Stoffen über römische Seide bis zu Stricksocken aus dem 1. Jahrhundert. Absolutes Prunkstück ist die Sammlung an Tuniken.

Adresse headquaARTers, Van Aerdtstraat 33, 2060 Antwerpen, Tel. +32/(0)3/2216811, www.headquarters-katoennatie.com | **ÖPNV** Tram 1, 24, Bus 23, 70, 72, 600–602, X70, X71, Station Noorderplaats | **Öffnungszeiten** Mo–Fr 10–20 Uhr, Sa 10–16 Uhr, nur nach vorheriger Anmeldung | **Tipp** Feste Termine muss man auch im »Bistro du Nord« buchen. Der Guide Michelin schwärmt ob dessen Qualität. Das Panamarenko-Haus, Atelier und Wohnhaus des Künstlers, ist samstags (14–15.30 Uhr) zu besichtigen (Biekorfstraat 2).

95 Das Stadion

Die Hölle von Deurne

Ein lang gestrecktes Wasserbecken mit Springbrunnen lenkt den Blick auf die schmucke, ultramoderne Glasfassade der Haupttribüne. Nur zwei haushohe Banner in den Vereinsfarben Rot und Weiß, Reminiszenz an die Farben der Hanse, erinnern daran, dass der Royal Antwerp Football Club 1880 einer der ersten Sportvereine auf dem Festland war. Damals spielte man allerdings vor allem Cricket und Rugby und nur nebenher Fußball. Als ältester Club Belgiens wird der RAFC oft als »The Great Old« tituliert.

Die neue Haupttribüne wurde 2017 in 20 Wochen errichtet. Sie bietet 5.600 Sitzplätze plus Logen, ein großes Restaurant und den Fanshop. Und sie überdeckt die lange Historie, denn nur das Wasserbecken zierte schon das erste Stadion von 1923.

Geht man über Oude Bosuilbaan links an Tribüne 1 vorbei, blickt man über die flachere Kurve auf die Gegentribüne, und die stammt noch aus dem Gründungsjahr. Noch, denn die Renovierung steht an. Zu Zeiten, als alle Tribünen aus Holz waren und ausschließlich Stehplätze boten, war das Stadion als »Hölle von Deurne« berüchtigt. Ein Ehrentitel, verliehen aus Respekt vor der Lautstärke des Publikums, entstanden nach dem Ersten Weltkrieg, als im Stadion das Derby Belgien versus Niederlande 21 Mal ausgetragen wurde.

Am 1. November 1923 wurde das Bosuilstadion mit dem Länderspiel Belgien gegen England eröffnet. Endstand damals 2:2. Erstmals konnte dem Mutterland des neuen Sports ein Remis abgerungen werden. Bis 1956 wurde das Stadion auf 60.000 Plätze vergrößert. Das blieb gut 50 Jahre so. Um den Anforderungen der UEFA für internationale Spiele gerecht zu werden, musste man es auf 16.000 Sitzplätze verkleinern. An einem hat das nichts geändert: Unter Fußballfans ist das Stadion weiterhin als »Hölle von Deurne« bekannt. Es ist klein, eng – und laut! Gastmannschaften des Clubs von Royal Antwerp bekommen das weiterhin zu spüren. Und selbst internationalen Spitzenteams fährt bisweilen der Schreck in die Glieder.

Adresse Oude Bosuilbaan 54A, 2100 Antwerpen, Tel. +32/(0)3/3037758, www.royalantwerpfc.be | ÖPNV Tram 5, Station Deurne Antwerp Stadion | Öffnungszeiten Fanshop Mi–Fr 12–18 Uhr, Sa 10–16 Uhr; Stadion nur bei Spielen | Tipp Neben dem Waldkauzstadion beginnt der in den 1970er Jahren vom berühmten Landschaftsarchitekten Jacques Wirtz konzipierte Park Bremweide.

96 Der Strand

Sint-Anneke und Linkeroever sind immer hip

Linkeroever heißt ganz profan der 1923 eingemeindete Stadtteil auf dem linken Scheldeufer. Genau gegenüber dem Zentrum gelegen, hat man von hier den mit Abstand besten Blick auf das Panorama der Stadt. Alle wichtigen Gebäude sind gut zu sehen, meist besser als aus ihrer unmittelbaren Umgebung. Noch spannender ist, dass Antwerpen damit zu den wenigen Großstädten gehört, die einen innerstädtischen Badestrand vorzuweisen haben. Keineswegs nur ein bisschen angekarrter Sand, um eine Bar aufzumotzen, wie unterdessen vielerorts üblich, sondern tatsächlich ein echter Sandstrand. Okay: Ausgiebig schwimmen ist in der Schelde weder erlaubt noch wegen der starken Gezeitenströmungen angesagt, aber mit den Füßen im Wasser in der Sonne liegen oder ein bisschen planschen ist ebenso möglich wie sich beim herbstlichen Spaziergang »lekker uitwaaien« so richtig schön durchpusten lassen. Und das ist schon mal was. Schwimmen kann man außerdem direkt hinter dem Deich im Freibad De Molen.

Die Antwerpener, egal, welchen Alters, lieben ihren Strand. Bis zum Meer ist es mit dem Rad dann doch zu weit, und mit dem Auto braucht man hin und zurück jeweils eine Stunde. Dann also Sint-Anna. Im Hochsommer werden Badehandtuch, Sonnenschirm und Picknickkorb aufs *fiets* gepackt, und ab geht's an den Strand. Manche braten ein paar Stunden in der Sonne, andere suchen den Schatten von Bäumen, aber ein Sommer ohne Sint-Anna ist kein richtiger Sommer. 2022 wurde der Strand eigens neu aufgefüllt, nachdem Winterstürme viel Sand abgetragen hatten.

Und der Strand hat Geschichte. Die Antwerpener fuhren schon per Fähre auf das linke Scheldeufer, als unter dem Sand noch das später aufgegebene gleichnamige Dorf lag, um hier Mosselen Sint-Anneke zu essen. In den Restaurants »De Zeester« (Seestern) und »An's Hoeve« kann man das auch heute noch, ebenso im »Windkracht 12« hinter dem Jachthafen.

Adresse Wandeldijk, 2050 Antwerpen | ÖPNV Waterbus, Station Ponton Linkeroever; Bus 36, Station Gloriantlaan | Tipp Zehn Kilometer südlich, mit dem Rad immer die Schelde entlang, gelangt man in den Poldern zu den Wasserfällen von Kruibeke. Ein skurriler und lehrreicher Ort. Die sogenannte Meireschleuse reguliert die Wassermengen, und bei hoher Flut entsteht ein netter kleiner Katarakt.

97 Die Street-Art-Galerie

Endlose Kunst im Süden

Die weltweit größte zusammenhängende Ausstellung von gesprühter Street-Art findet man in Zurenborg, auf den Straßen des nicht mehr genutzten Hauptbahnhof-Vorgeländes. Früher wurden hier Waggons rangiert und repariert, heute finden auf den Industriebrachen und Schrottplätzen im Sommer lautstarke Musikfestivals statt. Vor allem aber bieten die Mauern längs der Straßen reichlich Fläche für Street-Art-Künstler. Und die nutzen sie auch. Manche Sprayer sind »nur« lokale Größen, während andere längst internationale Karriere auf dem etablierten Kunstmarkt gemacht haben. Wer hier an Schmierereien und Vandalismus denkt, liegt ziemlich falsch. Ein Spaziergang lohnt sich nicht nur für Graffiti- und Comicfans, sondern auch für Kunstliebhaber.

Denn tatsächlich handelt es sich bei der Street-Art-Galerie um eine Ausstellung der etwas anderen Art. Hier sind keine Gangs unterwegs, die »ihr Revier« markieren, es wird auch nicht übereinander gesprüht. Die Wände sind anthrazit grundiert, um so einen einheitlichen Rahmen für die Bilder in unterschiedlichen Formaten und Stilrichtungen zu schaffen, wie in jeder »normalen« Galerie oder jedem Museum auch. Die Werke sind signiert, und daneben finden sich digitale Barcodes, die Angaben zum Künstler aufs Mobiltelefon liefern.

Trotzdem bleibt es ein Stilmerkmal dieser Kunst, vergänglich zu sein. Und das mit voller Absicht. Jedes Jahr im August treffen sich unter dem Titel »Meeting of Styles« weit über 100 Künstlerinnen und Künstler zum internationalen Graffiti-Festival und verzieren die Flächen neu, insgesamt rund 4.000 Quadratmeter. Wer in der Szene auf sich hält, ist vertreten, längst nicht mehr nur junge Leute. Ein Happening mit viel Musik, Spaß und neuer Kunst. Manche kommen nur mit einer Skizze und einer Tasche voller Sprühdosen, andere brauchen Leitern, ja Kräne, um die Fläche zu bewältigen. Gemeinsam produzieren sie vor Zuschauern »ein Jahr frische Kunst«.

Adresse Minkelerstraat und Krugerstraat, 2018 Antwerpen | ÖPNV Tram 11, Bus 30, Station Draakplaats | Öffnungszeiten immer zugänglich | Tipp Das Schwimmbad im Orpheusplein 30 ist mit einem riesigen Pottwal verziert. Auch rund um die Brauerei De Konninck gibt es große Murals, eines der schönsten ist an der Erfgoedbibliothek (Korte Nieuwstraat 26) zu sehen (www.streetartcities.com, www.street-artwork.com).

98 Die Synagoge

Die Holländische Synagoge ist eine von 35

Rund 25.000 Mitglieder zählt die jüdische Gemeinde Antwerpen, die Mehrzahl davon ist orthodox. Damit ist sie die drittgrößte weltweit, nach Jerusalem und New York. Frauen tragen langen Rock und Perücke, Männer schwarzen Gehrock, hohen Hut mit Pelzbesatz, Bart und Schläfenlocken. Es gibt jüdische Schulen und Altenheime, koschere Schlachter, Bäcker und Restaurants, Hebräisch wie Jiddisch sind neben Flämisch, Englisch, Französisch und auch Deutsch lebende Umgangssprachen in den jüdisch geprägten Vierteln. Selbstverständlich gibt es Mikwen (Badehäuser) und Synagogen, 35 an der Zahl.

Die Holländische Synagoge in der Bouwmeesterstraat ist die älteste und die bei Weitem schönste der Stadt. Das denkmalgeschützte Gotteshaus wurde in den Jahren 1892/93 nach Plänen der Architekten Joseph Hertogs (1861–1930) und Ernest Stordiau (1855–1937) in einem maurisch-orientalisierenden Stil mit Kuppeltürmen in Anlehnung an die Hauptsynagogen von Sankt Petersburg und Frankfurt am Main erbaut. Obwohl von orthodoxen Juden in Auftrag gegeben, hat das Gebetshaus eine Pfeifenorgel im Balkon eingebaut. Auch wenn sie als Hauptsynagoge bezeichnet wird, nutzt die Gemeinde Shomre Hadas sie nur noch an hohen Feiertagen wie Jom Kippur und Rosch ha-Schana.

Sie liegt im Museumsviertel, etwas abseits des jüdischen Viertels in der Nähe des Hauptbahnhofes. Zwei quadratische Türme, die sich deutlich an Minaretten orientieren, flankieren den Mittelteil mit leicht vorgezogenem Eingangsportal, das wiederum achteckige, ebenfalls minarettartige Türmchen mit Rundkuppeln zeigt. Über dem Torbogen sieht man eine Tafel mit den Zehn Geboten, darüber eine Rosette mit Davidstern.

Die Synagoge wurde bis 2022 aufwendig restauriert. Ob sie aber, wie zuvor üblich, zur täglichen Besichtigung geöffnet wird, ist noch nicht klar. Die Vielzahl antijüdischer Anschläge macht es nicht eben wahrscheinlich.

Adresse Bouwmeesterstraat 16, 2000 Antwerpen, Tel. +32/(0)3/2320187, www.shomre-hadas.be | ÖPNV Tram 1, 10, Bus 13, 14, F 15, Station Bres | Öffnungszeiten derzeit nur von außen zu besichtigen | Tipp Die protestantische Kirche De Brabantse Olijfberg im früheren Kloster der Annunziaten (Lange Winkelstraat 1–5) wurde 200 Jahre nach Fertigstellung 1620 der lange verbotenen protestantischen Gemeinde übereignet.

99__Das Tor

Chinatown gegenüber vom Hauptbahnhof

»Pagodepoort« nennen Antwerpener das chinesische Tor, das den Eingang zur Van Wesenbekestraat im Anschluss an Hauptbahnhof und Königin-Astrid-Platz schmückt. Seitlich davor – wie auch am anderen Ende der Straße am De Conninckplein – wachen zwei steinerne Löwen als Schutzpatrone über Chinatown an der Schelde. Seit 2001 trägt das Viertel, das nur aus dieser Hauptstraße und der parallelen Van Arteveldestraat besteht, offiziell den Titel Chinatown, obwohl es nicht nur chinesische, sondern auch vietnamesische, thailändische und afrikanische Läden beheimatet.

Chinesische Viertel sind in Europa ein junges Phänomen und lange nicht so groß wie in den USA, die Ende des 19. Jahrhunderts einen Zustrom billiger chinesischer Arbeitskräfte für den Eisenbahnbau erlebten. In Antwerpen begann alles mit der Küche. Im mächtig angeranzten Quartier am Hauptbahnhof siedelten sich in den 1970er Jahren erste asiatische Schnellrestaurants und ein Einkaufszentrum an. »Sun Wah« gilt heute als der größte chinesische Supermarkt Europas. Die vorwiegend chinesische Klientel kam aus dem Hafen. Es folgten weitere Restaurants und Garküchen, dann der buddhistische Tempel Fo Guang Shan (61). Mit der Zeit entwickelte sich eine Infrastruktur mit traditioneller chinesischer Medizin, Zahnarzt und Schule (Van Arteveldestraat 56), auch das chinesische Neujahr wurde mit Feuerwerk und Drachentänzen begangen. Ein eigenes Viertel entstand, angezeigt durch »Pagodepoort«.

Das weitestgehend aus Spenden finanzierte Tor wurde im Sommer 2010 errichtet. Stahlsäulen, Querträger und Keramikdach samt Verzierungen mit Statuetten und Fabelwesen wurden in Tianjin entworfen und hergestellt, anschließend in Einzelteilen nach Antwerpen verschifft und zusammengebaut. Die Holzarbeiten sind bemalt und vergoldet. Das Hauptproblem war, die elektrischen Oberleitungen der Straßenbahn durch das Tor zu führen, aber auch das wurde gelöst.

Adresse Van Wesenbekestraat 3, 2060 Antwerpen | ÖPNV Tram 2, 3, 5, 6, 8, 10, 12, 24, Station Centraal oder Astrid | Tipp In Chinatown sind die Suppen im »Ting Kee Noedels Shop« (5) und die Bangkok-Style-Küche im »Tawan« (Van Arteveldestraat 3) zu empfehlen. Die beste asiatische Küche findet man aber in der Volksstraat 37 und 43, im »5 Flavours Mmei« und in der »BÚN Bar«.

100 Die Unterwelt

Abenteuerliche Erkundung der Antwerpse Ruien

Besucher müssen wie Tatortermittler der Polizei Gummistiefel und einen Papier-Overall mit Kapuze überziehen. Alle erhalten ein Tablet und eine Taschenlampe, dann startet der unterirdische Spaziergang. Es kann dreckig werden in den nächsten 90 Minuten unter dem Pflaster der Stadt. Denn da liegt in Antwerpen nicht nur der Strand, sondern auch ein acht Kilometer langes Kanalsystem. Anders als in Wien oder Paris sind es keine Abwasserleitungen aus dem 19. Jahrhundert, es handelt sich vielmehr um mittelalterliche Fließe und Grachten, die einst sichtbar die gesamte Altstadt zu Transport- und Verteidigungszwecken durchzogen. Dementsprechend groß sind die aus Ziegel- und Bruchstein gemauerten Röhren. Viele Straßen waren früher schiffbare Kanäle mit Zugang zur Schelde. Wo immer ein Straßenname das Wort »brug« enthält, kann man davon ausgehen, gerade einen der nun unterirdischen Kanäle zu kreuzen.

Anders als im benachbarten Brügge, wo diese Schifffahrtswege – im dortigen Dialekt Reien – offen erhalten sind, hat man die Ruien von Antwerpen seit Mitte des 16. Jahrhunderts überbaut. Nicht nur, weil der Platz gebraucht wurde, sondern auch, weil die Wasserwege voller Fäkalien und Abfälle waren und neben Waren auch Krankheiten in der Stadt verbreiteten.

Heutzutage liegt alles unter der Erde. Es ist spannend, einen Blick in die Eingeweide der Stadt zu werfen, mysteriöse Anekdoten und fesselnde Geschichten zu hören. Man watet durch brackiges Wasser, aber die Geruchsbelästigung hält sich in Grenzen. Die Fäkalien werden durch geschlossene Metallrohre gespült – außer bei starkem Regen oder Hochflut. Nur von hier unten erkennbare gemauerte Entlüftungsschächte ragen teils 20 Meter hoch in die Hinterhöfe.

Waren wurden wahrscheinlich zu allen Zeiten durch die Ruien geschmuggelt. Doch dass die Jesuiten durch sie unerkannt ins Rotlichtviertel gelangten, dürfte eher eine Mär sein.

Adresse Suikerrui 21, 2000 Antwerpen, Tel. +32/(0)3/3440755, www.deruien.be | ÖPNV Tram 3, 4, 5, 7, 9, 15, Bus 22, 180–183, Station Groenplaats | Öffnungszeiten Di–So 10–17.30, nur geführte Touren nach Anmeldung über die Website | Tipp Das imposante Hansahuis reicht von der Kaasstraat bis zum Van Dijkkaai. Es wurde 1897 im Auftrag des Kölner Unternehmers Wilhelm von Mallinckrodt gebaut. Die bärtigen Flussgötter symbolisieren Rhein und Schelde, die stehenden Figuren unter anderem Elbe und Weser.

101 Die Vagina

Ein besonderes Mahnmal an der Hauswand

Sie ist nicht augenfällig, aber die Zirkstraat gehört zu den ältesten Straßen der Stadt. De Gulden Handt (Hausnummer 34), das Geburtshaus des Ehrenbürgers und in Antwerpen weltberühmten Musikers Wannes Van de Velde (1937–2008), ist zu Beginn des 16. Jahrhunderts als Huurkazerne (Mietshaus) belegt. Das Eckgebäude zur Vleeshouwersstraat wurde zwar (zu) sehr aufgehübscht, stammt aber aus dem Jahr 1577. Bis in die 1980er Jahre betrachtete man die Zirkstraat als Randbezirk des Schipperskwartier, des berühmt-berüchtigten Rotlichtviertels, das inzwischen qua Sperrverordnung auf drei Straßen um die Schippersstraat begrenzt ist.

Mittelbar hängt das ungewöhnliche, leicht trapezförmige Basrelief an der Fassade des ansonsten unscheinbaren Hauses Nummer 27 mit dieser Lage zusammen. Es zeigt eine Vulva, anatomisch vollkommen korrekt, man muss nur genau hinschauen. Zwar ist das Abbild überlebensgroß, aber doch nicht so auffällig, dass nicht die Mehrzahl der Passanten vorbeiginge, ohne das »extravagante« Bildnis wahrgenommen zu haben. Es handelt sich dabei nicht um Werbung für ein Freudenhaus, eher im Gegenteil.

Die Künstlerin Patsy Sörensen gründete hier in ihrem Privathaus 1987 »Payoke«, eines der weltweit ersten Beratungszentren für Prostituierte. Hier konnten sich die Frauen des Gewerbes geschützt zu Kaffee, Kuchen und Gesprächen treffen; Beratung zu Krankheit und Ausstieg aus der Szene war möglich, aber nicht zwingend. Ein Ansatz, der seinerzeit sehr neu und hoch umstritten war. In der nahen Paulskirche wollte man von dem Projekt ebenso wenig wissen wie in feministischen Frauengruppen. Das hat sich geändert. Als später die Arbeit gegen Menschenhandel (bei Frauen, Kindern und Männern) zum Portfolio von Payoke hinzukam, musste das Zentrum schon aus Platzgründen an den Italiëlei in die Nähe des Beginenhofes umziehen. Die Vagina erinnert daran, was in diesem Haus geleistet wurde.

Adresse Zirkstraat 27, 2000 Antwerpen | ÖPNV Tram 7, Bus F2, Station Klapdorp | Tipp Grote Goddaard, Coppenol-, Moriaan- und Hoofdkerkstraat sind gepflasterte Gassen in der Altstadt ohne Autoverkehr und ab Herbst meist auch ohne Touristen. Es lohnt sich, hier ein wenig zu schlendern und sich ein Bier bei Quinten Matsijs im ältesten Café der Stadt zu gönnen.

102 Die Veggies

Vegetarier aller Länder …

Die Zeiten, in denen Vegetarier selbst in guten Restaurants mit lustfeindlichen Rohkostsammelsurien abgespeist wurden, sind zum Glück vorbei. Heute gibt es nicht nur vegetarische, sondern selbst vegane Sterneküche. Als Liesbet und Micha Peers 1994 ihr Restaurant »De Broers van Julienne« in der Kasteelpleinstraat aufmachten war das noch anders. Das Stadtviertel Zuid im Übergang zu Theaterbuurt war damals noch nicht angesagt und selbst die Slow-Food-Bewegung des Italieners Carlo Petrini noch ziemlich jung. Die Zubereitung saisonaler, regionaler Produkte, womöglich gar aus traditioneller Herstellung, galt als spinnerte Idee, unvereinbar mit Qualitätsküche. Es brauchte Durchhaltevermögen und Mut, Geduld und Können, um trotzdem ein Lokal zu eröffnen, dessen Angebot aus farbenfroher, geschmackvoller und gesunder Gemüseküche bestand. Es dauerte noch Jahre, bis sich der Gedanke durchsetzte: Wer wirklich kochen kann, braucht nicht zwingend Fleisch.

Liesbet und Micha haben es gewagt – und sie waren erfolgreich. Immer mehr Kunden entdeckten das Geschäft, um einzukaufen, aber vor allem, um auf der zauberhaften Terrasse und im Garten den Tagesteller oder ein Tagesmenü zu essen. Serviert werden Salate und Meze, Quiches, Arancini und Süßkartoffelfritten, Fisch, Pasta und Couscous, aber auch diverse Kuchen und Schokolade. Man kann bei Holundersaft und hausgemachtem Eistee bleiben, aber auch Biowein verköstigen.

Im Lauf der Zeit ergänzten gluten- und laktosefreie Gerichte das Angebot. Ein zweites Geschäft, wiederum teils Restaurant, teils Take-away-Caterer, kam hinzu, circa einen Kilometer näher am Zentrum, mitten im Modeviertel Sint-Andries. Tochter Nina stieg nach dem Uni-Abschluss in das Unternehmen ein und erweiterte es um Koch-Workshops. An einem Donnerstag im Monat kann man nun die eigenen Fähigkeiten im Laden in der Ijzerenwaag 4 vervollkommnen.

Adresse Kasteelplein 45–47 und Ijzerenwaag 4, 2000 Antwerpen, Tel. +32/(0)3/2320203 und +32/(0)3/2271203, www.debroersvanjulienne.be | ÖPNV Tram 1, 10, Bus 13, 14, F 15, Station Kasteelplein; Bus 22, Station Begijnenvest | Öffnungszeiten Kasteelplein: Mo–Do 12–20 Uhr, Fr, Sa 12–21 Uhr, So 17.30–20 Uhr; Ijzerenwaag: Mo–Sa 11–18 Uhr, So 12–17 Uhr | Tipp Michelin und Gault-Millau preisen »Instroom«. Im schlichten Ambiente gibt es von Mittwoch bis Samstag großartige nachhaltige Küche mit Rezepten aus aller Welt in einem Projekt von Sterneköchen zur Ausbildung von Flüchtlingen. Reservierung empfohlen (Droogdokkenweg 4).

103 Die Vitrine

Die Fensterzeile des Haus Ruys

Mit dem Meistertitel für Silberschmiedekunst an Jacques Marie Ruys wurde 1839 das Schmuckhaus Ruys gegründet. 1854 öffnete das Geschäft an Sint-Jorispoort, präsentierte erstmals seine Preziosen in großen Schaufenstern. Heute führt Jean van der Haegen das Geschäft seiner Ururgroßeltern in fünfter Generation, und Juwelen und Silber von Ruys werden in den Museen der Welt gesammelt. Schon das ist eine gute Geschichte, aber der Name hat auch einen besonderen Klang, weil die Jugendstil-Vitrinen von Ruys emblematisch sind für eines der ältesten und schönsten Geschäfte der Stadt.

Genau genommen handelt es sich bei Haus Ruys um zwei zusammengelegte Gebäude. Die Jugendstil-Fassade mit den optisch dominanten Schaukästen zeigen zur Geschäftsstraße, das Wohn- und Arbeitsgebäude, von außen schlichter, aber dafür deutlich besser gesichert, führt zur Schermerstraße. Der zweite Chef Albert Ruys gab 1902 das Gesamtensemble in Auftrag.

Wer sich allein mit den wunderbaren Schaufenstern begnügt und das Geschäft nicht betritt, hat das Beste verpasst, weil auch das gesamte Interieur – Fußböden, Decken, Mobiliar und Armaturen – aus einem Guss ist und vom selben Architekten Ferdinand Truyman (1857–1939) stammt. Warum das Haus als Stilikone gilt, erfasst man noch besser, wenn man das Glück hat, in die durch große Schiebetüren verborgenen Büroräume hinter dem Geschäft blicken zu können. Während in den öffentlichen Räumen mit Rücksicht auf die großbürgerliche, eher konservative Klientel der seinerzeit revolutionäre Jugendstil durch feine Reminiszenzen ans Rokoko leicht gemildert ist, dominiert hier und im angrenzenden Treppenhaus des Wohnhauses purer, faszinierender Jugendstil bei Deckenbemalung und Möbeln. Es gibt wenig Vergleichbares in einem Privathaus. Das war auch 1902 nur für wenige Menschen finanzierbar. Bleibt zu hoffen, dass sich ein Nachfolger findet, um das Kleinod zu erhalten.

Adresse Sint-Jorispoort 26, 2000 Antwerpen, Tel. +32/(0)3/2324965, www.ruys.be | ÖPNV Tram 4, 7, F2, Station Mechelseplein; Bus 13, 17, Station Nationale Bank | Öffnungszeiten Mi–Fr 11–18 Uhr, Sa 11–17 Uhr | Tipp Die St.-Georgs-Kirche wird, obwohl imposant, oft übersehen. Die Merklin-Schütze-Orgel von 1867 ist berühmt und gehört zu den besten des Landes. Auch der kleine versteckte Garten lohnt den Besuch (Mechelseplein 24).

104 Das Volkshaus

Das Arbeiterhaus ist ein Schmuckstück

Das schönste Jugendstil-Gebäude der daran nicht eben armen Stadt liegt im Museumsviertel und beherbergt heute eine Rudolf-Steiner-Schule. Leider ist nichts im Original erhalten außer der reich verzierten Fassade, aber für die ist die Bezeichnung »imposant« noch untertrieben. Der Architekt Jan Van Asperen (1876–1962) entwarf als eine seiner ersten Arbeiten die Zentrale der liberalen Genossenschaft namens Help U Zelve (Hilf Dir Selbst).

Der schmale Treppenturm rechts mit den Mosaiken (Bauer, Tischler, Steinmetz und Eisenarbeiter) hebt die perfekte Symmetrie der Außenansicht auf. Die Motive finden sich wieder im zentralen Fresko um das ovale, in Eisen eingefasste Fenster vor dem Bankettsaal im ersten Stock. Es illustriert Abbau und Transport von Erz und Kohle. Der Bogen unter dem Dachgarten zeigt Friedenstauben, hinter den mit Schmiedearbeiten verzierten Fenstern im anderthalbstöckigen Erdgeschoss lag ein großes Café.

1880 wurde Help U Zelve als Krankenversicherung für Arbeiter und ihre Familien gegründet, zehn Jahre später kamen eine Bäckerei und eine Brauerei zur Genossenschaft hinzu. Deren Gewinne finanzierten die Ausweitung der medizinischen Dienstleistungen und zudem den Neubau des eigenen Hauses. Das Gebäude wurde 1901 eingeweiht, diente gleichzeitig als Treffpunkt, Kaffeehaus, Tagungsraum, Theater und Lager für die Bäckerei im Hinterhaus, die 2.500 Brote täglich produzierte.

14 Tage nach der Einweihung des Volkshuis hielt die Belgische Arbeiterpartei hier ihren dritten Parteikongress ab. Schon 1904 verwüstete ein Brand das Gebäude. Es wurde vollständig renoviert. Nach dem Zweiten Weltkrieg verlor das Genossenschaftsleben an Bedeutung und das Volkshaus seine Funktion. 1952 baute der neue Eigner Bell Telephone Company es komplett zu einer Fabrik mit Lager um. Die Jugendstil-Einrichtung ging dabei verloren. Beim nächsten Umbau 1992 wurde die Fassade gründlich aufpoliert.

Adresse Volkstraat 40, 2000 Antwerpen | ÖPNV Tram 4, Bus 22, 180–183, F 2, Station Museum | Öffnungszeiten nur von außen zu besichtigen | Tipp Auch die Jugendstil-Fassade in der Beldhouwerstraat 22 ist ein Blickfang, unterstrichen durch die burgunderroten Tür- und Fensterrahmen, hufeisenförmig bei Haustür und Fenstern im Erdgeschoss und als dreiteiliger Halbkreis darüber.

105 Der Vrijdagmarkt

Möbel und Haushaltswaren ganz privat

Besonders groß ist er nicht, der Platz vor dem Plantin-Moretus-Museum, dafür vermittelt er den Eindruck einer im Lauf der Zeit gewachsenen Gemütlichkeit: der Vrijdagmarkt am südlichen Ende der Hogstraat. Es gibt schöne alte Gebäude mit vielen Kneipen und Restaurants, ein Blumengeschäft und auch einen Buchhandel. Mitten auf dem Platz steht eine Statue auf einem ungewöhnlich hohen Sockel: die heilige Katharina, unter anderem die Schutzpatronin der Schneider und Altkleiderhändler. Wie passend.

Im Mittelalter hieß der Platz Oude Kleerkopersmerct, Altkleidermarkt. Damit nicht genug. Zwar ist ganz Belgien berühmt für Antiquitäten- und Trödelmärkte, aber auf dem Vrijdagmarkt hat sich eine besondere Tradition erhalten: Jeden Freitag – wann auch sonst – werden hier von 9 bis 13 Uhr Haushaltsgegenstände und gebrauchte Möbel versteigert. Die Anbieter sind keine Trödler, sondern oft Privatleute, und die zu kaufenden Objekte stammen hauptsächlich aus Wohnungsauflösungen, ob als Folge von Notsituationen oder Todesfällen.

Zunächst können die Waren begutachtet werden, gegen Mittag, abhängig von Menge, Umfang und Anzahl, beginnt dann die Ausrufung und öffentliche Versteigerung. Wer mitbietet, muss wissen, dass selten Einzelstücke, sondern meist ganze Konvolute aufgerufen werden, dass direkt vor Ort in bar zu bezahlen ist (plus Versteigerungszuschlag) und dass drittens der Meistbietende auch für den sofortigen Abtransport verantwortlich ist. Seit Mitte des 16. Jahrhunderts ist das hier so.

Nur der Freitagsmarkt selbst ist nicht alt, abgesehen vom Museum. Alle anderen Häuser wurden 1949 in rustikal-historisierendem Stil neu errichtet. Eine deutsche V1-Bombe äscherte den Platz am 2. Januar 1945 nahezu vollständig ein. Weitere regelmäßige Trödelmärkte finden immer samstags auf dem Lijnwaadmarkt und sonntags auf Sint-Jansvliet jeweils von 9 bis 17 Uhr statt.

Adresse Vrijdagmarkt, 2000 Antwerpen | ÖPNV Tram 3, 4, 5, 7, 9, 15, Bus 181, 183, Station Groenplaats | Öffnungszeiten Fr 9–13 Uhr | Tipp Vögel findet man auf dem Vogelenmarkt – sonntags zwischen 8 und 13 Uhr am Theaterplein – nur noch ausgesprochen selten, dafür Blumen, Kleider und auch Antiquarisches. Der sogenannte Exotische Markt (samstags ebendort) bietet vor allem Lebensmittel und Essensstände.

106 Die Wasserburg

Der Gutshof des Geraardus Sterck

Sechs Kilometer nördlich vom Stadtzentrum im heutigen Deurne lagen im Mittelalter große, mit Wassergräben umgebene Bauerngüter. 1523 kaufte ein gewisser Geraardus Sterck eine Hooftvunder genannte Besitzung mitsamt Graben, Brauerei, Fischteichen und allem Gelände dazu. Der Kaufmann und Bankier Sterck (um 1505–1564) ließ den Hof kurzerhand abreißen und an seiner Stelle eine große Wasserburg bauen, reich mit Türmen und Türmchen verziert, den Sterckshof. Anders als die meisten Schlösser der Umgebung wurde dieser in den Religionskriegen nicht zerstört, und das, obwohl er eine Zeit lang dem Jesuitenorden gehörte. Trotzdem war die Wasserburg Ende des 19. Jahrhunderts zur Ruine verfallen, weil sie zu lange nicht mehr bewohnt und genutzt worden war.

1921 erwarb die Provinz Antwerpen das Nachbaranwesen Ter Rivieren, um hier den Park Rivierenhof zu schaffen. Der Sterckshof war eine Art Zugabe, denn von der Wasserburg standen zu diesem Zeitpunkt lediglich noch das Eingangstor, der Sockel eines Turms und einige mehr oder weniger marode Nebengebäude. Trotzdem begann 1922 der Wiederaufbau als phantasievolle Rekonstruktion auf der Grundlage alter Stiche und Bilder unter Berücksichtigung archäologischer Entdeckungen. Das eindrucksvolle Gebäude mit seinen vielen roten Backsteintürmen und Innenhöfen ist also faktisch relativ jung. Gleichwohl vermittelt es mit seinen streng formellen, 1.500 Quadratmeter großen Gärten, die von einem breiten Graben umgeben sind, einen Eindruck vom Reichtum seiner Besitzer im 16. Jahrhundert.

Die Gemeinde Deurne lehnte es allerdings ab, den Sterckshof als Rathaus zu nutzen. Der Neubau nebenan war günstiger als der Unterhalt der zudem unpraktischen Wasserburg. Nachdem sie 30 Jahre als Silbermuseum von Antwerpen diente, wird seit Jahren vergeblich eine neue Verwendung gesucht. Der Schönheit des Ortes tut das keinen Abbruch. Geöffnet ist leider nur unregelmäßig.

Adresse Sterckshoflei, 2100 Antwerpen | ÖPNV Tram 1, Station Deurne Lunden; Bus 33, Station Sterckshof | Öffnungszeiten unregelmäßig | Tipp Cuperus hat 2021 die »Bar Stark«, das Café im gläsernen Pavillon hinter dem Sterckshof, übernommen. Ein toller Platz zum Lesen und Entspannen bei bestem Kaffee und Kuchen mit Zugang zu Garten und Park der Wasserburg.

107 Das Wasserschloss

Das Waterkasteel Hof van Veltwijck

Genau so muss ein Märchenschloss aussehen. Sobald man durch die lange Buchenallee auf das Torhaus mit Uhrenturm und Zwiebeldach zuläuft, fragt man sich unwillkürlich, welcher glückliche Zufall bislang verhindert hat, dass Locationscouts für Märchenfilme diesen zauberhaften Ort vor den Toren der Stadt entdeckt haben. Nur acht Kilometer vom Stadtzentrum entfernt wirkt der Vorort Ekeren mit dem Wasserschloss inmitten eines Parks wie eine andere Welt, ob bei strahlender Sommersonne oder im Schnee.

Die gepflasterte und von Buchen gesäumte Zufahrt setzt sich hinter dem Torhaus fort, um dann über eine Brücke auf den Hof des u-förmigen Anwesens zu führen. Erst kurz vor der Brücke weitet sich der Blick, gibt die Sicht auf das zweistöckige Lustschloss frei. Ursprünglich ein quadratischer, mit einem Graben umgebener Komplex mit vier schlanken Ecktürmen, war der Hof van Veltwijk immer ein Herrenhaus und ein Lustschloss und zu keinem Zeitpunkt eine befestigte Burg. Ein Teil der Historie lässt sich rekonstruieren. Alte Urkunden belegen den Notverkauf eines Bauernhofs im Jahr 1548. 16 Jahre später wurde er als Herrensitz des Käufers Aert van Veltwijck, Tuchhändler aus Bergen op Zoom, erstmals erwähnt, aber schon 20 Jahre danach, während der Belagerung Antwerpens im Achtzigjährigen Krieg (1584–85), musste das Kastell als Wohnsitz wieder aufgegeben werden und verfiel. Polder-Flutungen verursachten heftige Schäden an den Fundamenten, die erst Mitte des 17. Jahrhunderts behoben wurden. Danach gehörte die Burg Cornelis de Winter, einem Kaufmann aus Antwerpen, der den Nordflügel abreißen ließ, was die U-Form ergab.

Erst 1905 wurde das Schlösschen unter Baroness de Borrekens zweistöckig ausgebaut. Ab 1930 nutzte die Gemeinde Ekeren das Wasserschloss zunächst als Rathaus, heute dient es als Standesamt und für kulturelle Zwecke. Die Innenräume sind leider nicht öffentlich zugänglich.

Adresse Veltwijcklaan 27, 2180 Antwerpen | ÖPNV Bus 730, Station Ekeren Districthuis | Öffnungszeiten Park und Innenhof immer zugänglich, Gebäude nur von außen zu besichtigen | Tipp Im großen Park Oude Landen hinter dem Wasserschloss ist rechts noch eine kleine Schleuse in Betrieb, die den Zufluss zum Burggraben steuert. Folgt man dem Weg weiter, erreicht man das Canadian War Monument, dass an die Befreiung Ekerens im Zweiten Weltkrieg erinnert.

108 Das Waterloo-Haus

Die Schlacht an der Hauswand

65 Kilometer südlich der Schelde, nahe Brüssel, tobte am 18. Juni 1815 eine mythische Schlacht, die das Gesicht Europas veränderte. Wellington und die verbündeten Preußen schlugen Napoleons Armeen vernichtend, bereiteten dem französischen Kaiser sein Waterloo. Der musste abdanken und wenig später in die Verbannung nach St. Helena.

Im Jugendstil-Viertel Zurenborg erinnert die Fassade eines dreistöckigen Hauses, gebaut 1905 nach Entwürfen von Frans Smet-Verhas (1851–1921), an die Schlacht auf den Feldern bei Braine-l'Alleud und Waterloo, die mit 65.000 Toten eines der brutalsten Gemetzel der Geschichte war. Das große Mosaik unterhalb des erst jüngst wieder in seinen Originalzustand versetzten Dachfirstes zeigt links Herzog Wellington und rechts Napoleon Bonaparte, beide eingehüllt in Rauschschwaden aus Kanonenrohren.

Jahrelang waren sämtliche Dachspitzen direkt darüber, Pilaster, Schornsteine und der Treppenturm links aus Sicherheitsgründen abgeschnitten gewesen, was die Fassade eines Großteils ihrer Schönheit beraubte. Nun ist alles renoviert, auch die Fahnen und Trommeln, die das Mosaik abrunden, das sich über die gesamte Fassade des Dachgeschosses erstreckt und die beiden hufeisenförmigen Fenster mit der großen Loggia davor einfasst. Es mutet auf den ersten Blick ein wenig wie Geschichtsunterricht an, dass die Namen der beiden Feldherren unterhalb des trapezförmigen Fensters im Zentrum der Fassade in kleinen grün-goldenen Mosaiken noch einmal extra vermerkt sind, ist aber wohl doch eher der Tatsache geschuldet, dass die beiden Profile von der Straße aus nicht wirklich gut zu erkennen sind. Das Bildnis zwischen den beiden Namen zeigt – auch das nicht einfach zu sehen – eine flammensprühende Bombe.

Kaum zu glauben, dass das ganze Viertel in den 1960er Jahren beinahe abgerissen worden wäre. Die Villen schienen zu groß, zu teuer, zu energieverbrauchend.

Adresse Waterloostraat 11, 2600 Antwerpen | ÖPNV Tram 4, 9, 14, Bus 21, 30, 32, 90, 91, 92, Station Berchem-Station | Öffnungszeiten in Privatbesitz, nur von außen zu besichtigen | Tipp Waterloostraat Haus 30 zeigt Napoleon mit Dreispitz, Haus 39 einen Himmel mit Möwen. Hervorzuheben sind das Ensemble »Morgen, Abend, Zeit, Tag und Nacht« (55–63) sowie der »Pfau« (8–12) und die Kreuzung der »Vier Jahreszeiten«.

109 Der Würfel

Maison Guiette ist von Le Corbusier

Als die berühmte Modeschöpferin Ann de Meulemeester 1987 die Maison Guiette erwarb, hatte der Bau schon rund 60 Jahre auf dem Buckel, aber nichts von seiner Auffälligkeit und Attraktivität eingebüßt. Der Entwurf aus dem Jahr 1926 stammt von niemand Geringerem als Le Corbusier. Der expressionistische Maler und Kunstkritiker René Guiette (1893–1976) hatte sein Privathaus direkt bei dem Schweizer Architekten mit Wohnsitz Paris in Auftrag gegeben.

Das Haus besteht aus drei Etagen plus Dachterrasse. Das Büro Le Corbusier zeichnete damals auch für die Farbgestaltung und die gesamte Inneneinrichtung verantwortlich. Wohnzimmer, Esszimmer und Küche befinden sich im Erdgeschoss, darüber Bäder und Schlafzimmer, im zweiten Stock dann das doppelgeschossige Atelier mit Zugang zur Dachterrasse. Knapp 30 Jahre lebte und arbeitete De Meulemeester hier, um das Haus dann ihrem Sohn zu überlassen.

Maison Guiette, auch als »Les Peupliers« (Die Pappeln) bekannt, gehört zwar zu den international weniger beachteten Werken von Le Corbusier, ist aber gemeinsam mit 16 weiteren Gebäuden des Architekten seit 2016 Teil des UNESCO-Weltkulturerbes. Das Pseudonym Le Corbusier legte sich Charles-Édouard Jeanneret (1887–1965) 1920 ursprünglich gemeinsam mit seinem Vetter Pierre für theoretische Schriften zu. Der puristische Bau in Antwerpen, der einzig erhaltene in Belgien, weist starke Ähnlichkeit mit den Häusern der Stuttgarter Weißenhofsiedlung auf. Er gehört zu der Serie, in der Le Corbusier in den 1920er Jahren seine »Fünf Punkte zu einer neuen Architektur« in der Anwendung ausformulierte: Stützen, Dachgarten, Langfenster, freie Grundriss- und Fassadengestaltung. Ein schlichter Würfel, strukturiert nur durch Fensterbänder und ein Bullauge.

Ende der 1980er Jahre wurde das Haus von seiner Eignerin erstmals gründlich renoviert, 2021/22 erneut, um dem Ursprungsentwurf wieder möglichst nahezukommen.

Adresse Populierenlaan 32, 2020 Antwerpen, www.fondationlecorbusier.fr | ÖPNV Tram 6, Bus 180–183, F 2, Station Olympiade | Öffnungszeiten nur in Ausnahmefällen zugänglich, Informationen unter www.sites-le-corbusier.org | Tipp Architektonisch ziemlich auffällig zeigt sich auch das Quartier De Singel, unter anderem mit dem Flämischen Architektur-Institut (VAI). Von Mittwoch bis Sonntag kann es von 14 bis 19 Uhr besucht werden (Jan Van Rijswijcklaan 155/Desguinlei 25).

110 Der Zar

Dieser Peter ist wirklich groß

Auf den 600 Metern der Kloosterstraat wechseln sich Galerien und Boutiquen mit Cafés und Antiquitätenshops ab, was sie vor allem sonntags zu einem beliebten Ziel macht. Beim Bummel durch die verkehrsberuhigte Flaniermeile trifft man im südlichen Teil unvermittelt auf Zar Peter, mit Beinamen »der Große«. Das ist wörtlich zu nehmen. Die Statue unter Bäumen auf einem netten, dreieckigen Platz ist zweieinhalb Meter hoch und damit überlebensgroß. Beachtlich bei einem Mann, von dem alle zeitgenössischen Chroniken behaupten, er habe mindestens zwei Meter gemessen.

Pjotr Alexejewitsch Romanow (1672–1725), Zar, Großfürst und in den letzten vier Lebensjahren erster Kaiser des russischen Reiches, war also körperlich ein Riese, aber viel wichtiger noch: der Erneuerer seines Landes. Der wissbegierige und sprachbegabte Mann – neben Russisch und Französisch sprach er Deutsch und Niederländisch – öffnete Russland für die europäische Moderne, warb um Partnerschaft gegen das osmanische Reich. Zwei Mal, 1697–98 und 1716–17, bereiste er den Westen, das erste Mal inkognito, um in Amsterdam eine Lehre als Zimmermann und Schiffbauer zu absolvieren. 1717 führte seine Rückreise von Paris nach Sankt Petersburg über Antwerpen, wo er in der Abtei St. Michael Logis nahm, bevor er in den Paleis op de Meir zog. Von der einst berühmten Abtei des Prämonstratenserklosters Sint-Michiel, die Albrecht Dürer 200 Jahre zuvor gezeichnet hatte, in der Peter Paul Rubens getraut und Isabella von Bourbon begraben wurde, steht heute kein Stein mehr. Sie ist komplett eingeebnet, lag aber genau hier, zwischen Sint-Michielskaai und Kloosterstraat, und war seinerzeit bevorzugtes Domizil hochrangiger Gäste.

Die Statue des 1945 in Tiflis geborenen Bildhauers Georgy Frangulyan wurde 1998 in der Hoffnung auf ein neues Zeitalter politischen Tauwetters an der Stelle aufgestellt, an der die Antwerpener schon damals den großen Mann bestaunt haben sollen.

Adresse Kloosterstraat 143, 2000 Antwerpen | ÖPNV Tram 4, Bus 180–183, Station Tropisch Institut | Tipp Drei Gebäude am Beginn der Kloosterstraat verdienen Beachtung: der grüne Glaserker am Eckhaus zum Steegsken, der runde Art-déco-Erker (Oever 23) von 1937 und die zehn Jahre ältere Werbebeschriftung für den Baustoffhandel Victor Sturm (Oever 11).

111 Die Zweitschöpfungen

Fünf Statuen nach Eugeen van Mieghem

Eugeen van Mieghem (1875–1930) ist Kennern bekannt, aber in die erste Reihe der Berühmtheiten hat er es nicht geschafft. Der Erfolg war dem in einer Hafenkneipe in der Montevideostraat aufgewachsenen jungen Mann nicht in die Wiege gelegt, aber sein Zeichentalent wurde bereits an der Volksschule erkannt.

Van Mieghem, dessen Bilder an Käthe Kollwitz und Ernst Barlach erinnern, blieb Außenseiter des Kunstbetriebs. 1902 heiratete er seine Jugendliebe Augustine Pautre. Zwei Jahre später erkrankte sie schwer und starb 1905. Ihr Leben wie auch ihr Siechtum wurden neben dem harten Alltag der Hafenarbeiter und dem Überlebenskampf Tausender osteuropäischer Juden, die zu Beginn des 20. Jahrhunderts vor Pogromen nach Antwerpen und von hier möglichst weiter in die USA flüchteten, zentrale Themen des Künstlers. Van Mieghems Szenen, ob Aquarelle, Bleistiftzeichnungen oder Pastellbilder, gewinnen ihre Eindringlichkeit durch ihre große Genauigkeit, fast wie bei einem Chronisten.

Dennoch waren Maler und Werk 50 Jahre in Vergessenheit geraten, bis Bewunderer eine Stiftung für ein privates Museum gründeten und eine Ausstellung im Picasso-Museum von Barcelona seiner Malerei einen späten Durchbruch bescherte. Seit 2010 präsentiert das großartige Redershuis (Van Dijckkaai 9) eine Van-Mieghem-Sammlung.

Vor allem lohnt es, bei einem Spaziergang um das Hafenbecken ein wenig die Augen offen zu halten. Im Auftrag der Stiftung schuf die Bildhauerin Carla Kamphuis-Meijer fünf lebensgroße Bronzeskulpturen nach Van Mieghems Bildern, die rund um das Doppelbecken aufgestellt sind, darunter natürlich Augustine Pautre (Entrepotkaai 9). Die vier anderen heißen: »Das Hafenmädchen« (Rijnkaai 98), »Der Auswanderer« (Rijnkaai 92), »Der Hafenlümmel« (Napoleonkaai 43) und »Wiske« (Godefriduskaai 22). Es handelt sich um eine Art Zweitschöpfungen, eigenständige Kunstwerke auf Basis der Zeichnungen des Hafenmalers.

Adresse Godefriduskaai, 2000 Antwerpen | ÖPNV Tram 7, F2, Station Brouwersvliet; Bus 17, Station Van Schoonbekeplein | Tipp Das mächtige Stapelhaus Saint Felix Entrepôt am Godefriduskaai lohnt unbedingt auch den Besuch im Inneren. Der Lesesaal und der verglaste zentrale Mittelgang sind immer zugänglich, für Kulturveranstaltungen bisweilen auch die ehemaligen Lagerräume.

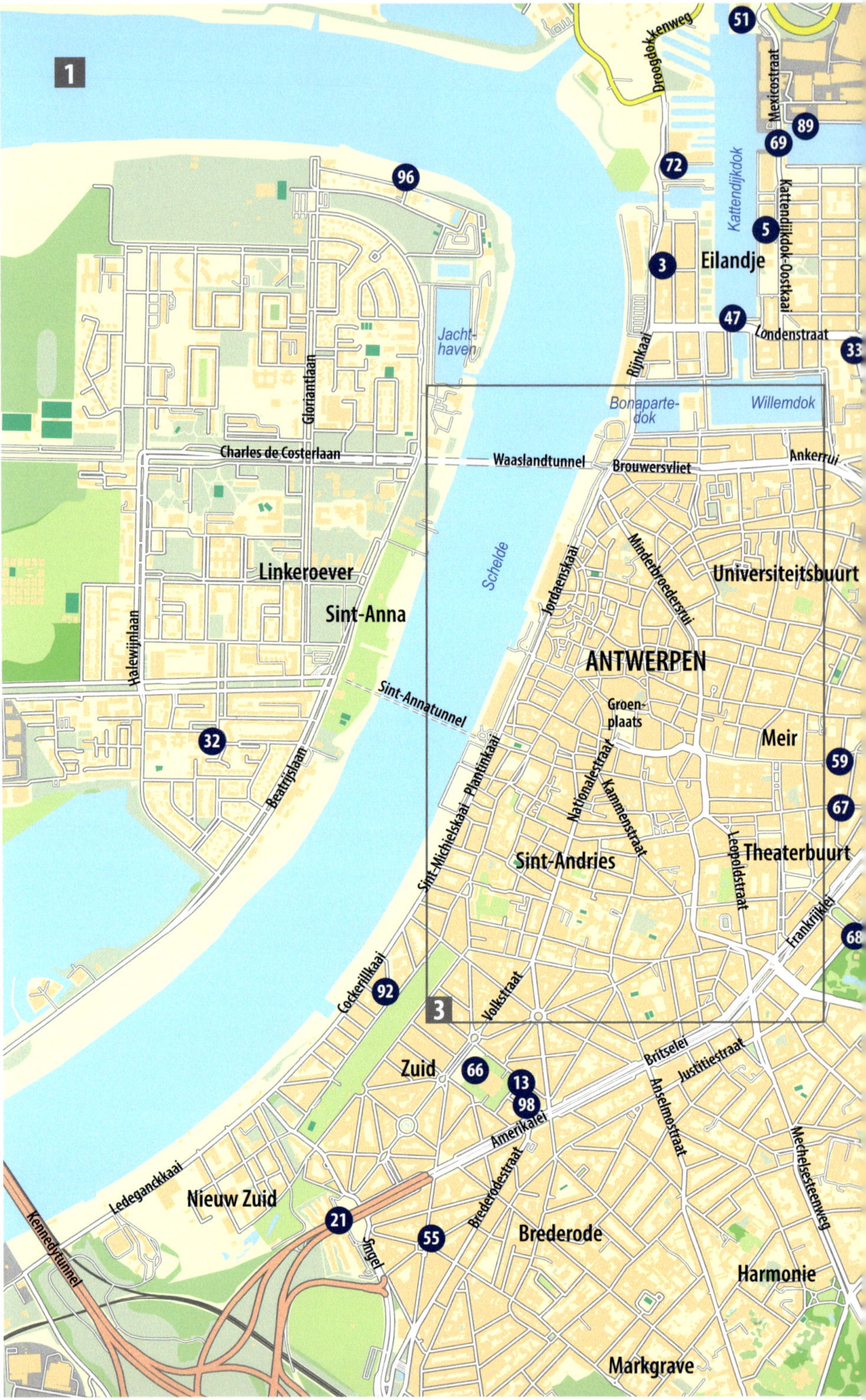
1
Linkeroever
Sint-Anna
Charles de Costerlaan
Gloriantlaan
Halewijnlaan
Beatrijslaan
Jachthaven
Waaslandtunnel
Sint-Annatunnel
Schelde
Eilandje
Kattendijkdok
Kattendijkdok-Oostkaai
Mexicostraat
Droogdokkenweg
Rijnkaai
Londenstraat
Bonapartedok
Willemdok
Brouwersvliet
Ankerrui
Jordaenskaai
Minderbroedersrui
Universiteitsbuurt
ANTWERPEN
Groenplaats
Meir
Plantinkaai
Sint-Michielskaai
Nationalestraat
Kammenstraat
Sint-Andries
Leopoldstraat
Theaterbuurt
Frankrijklei
Cockerillkaai
Volkstraat
Zuid
Britselei
Justitiestraat
Amerikalei
Anselmostraat
Mechelsesteenweg
Brederodestraat
Ledeganckkaai
Nieuw Zuid
Kennedytunnel
Singel
Brederode
Harmonie
Markgrave
3
51 89 69 72 5 3 47 33 96 32 59 67 68 92 66 13 98 21 55

2
Noorderlaan
Houtdok
Asiadok
IJzerlaankanaal
Viaduct van Merksem
Vaartkaai
Dam
Lobroekdok
Bisschoppenhoflaan
Damplein
Kalverstraat
Slachthuislaan
Viaduct-Dam
Viséstraat
Oranjestraat
Antwerpen-Noord
De Gryspeerstraat
Potthoekstraat
Seefhoek-Stuivenberg
Italielei
Van Maerlantstraat
Noordersingel
Kerkstraat
N12 Turnhoutsebaan
Quellinstraat
Centraal Station
Borgerhout
Stenenbrug
Herentalsebaan
Quinten Matsijslei
Stadsparkvijver
Van Eycklei
Plantin en Moretuslei
Luitenant Lippenslaan
Klein-Antwerpen
Zurenborg
Borgerhout
Lange Leemstraat
Belgiëlei
Haringrode
Wapenstilstandlaan
Borsbeeksebrug
Gitschotellei
Posthoflei
Binnensingel
N
0
375 m
62 93 94 38 90 19 9 11 31 99 8 30 56 86 53 4 97 49 81 108 77 42 57

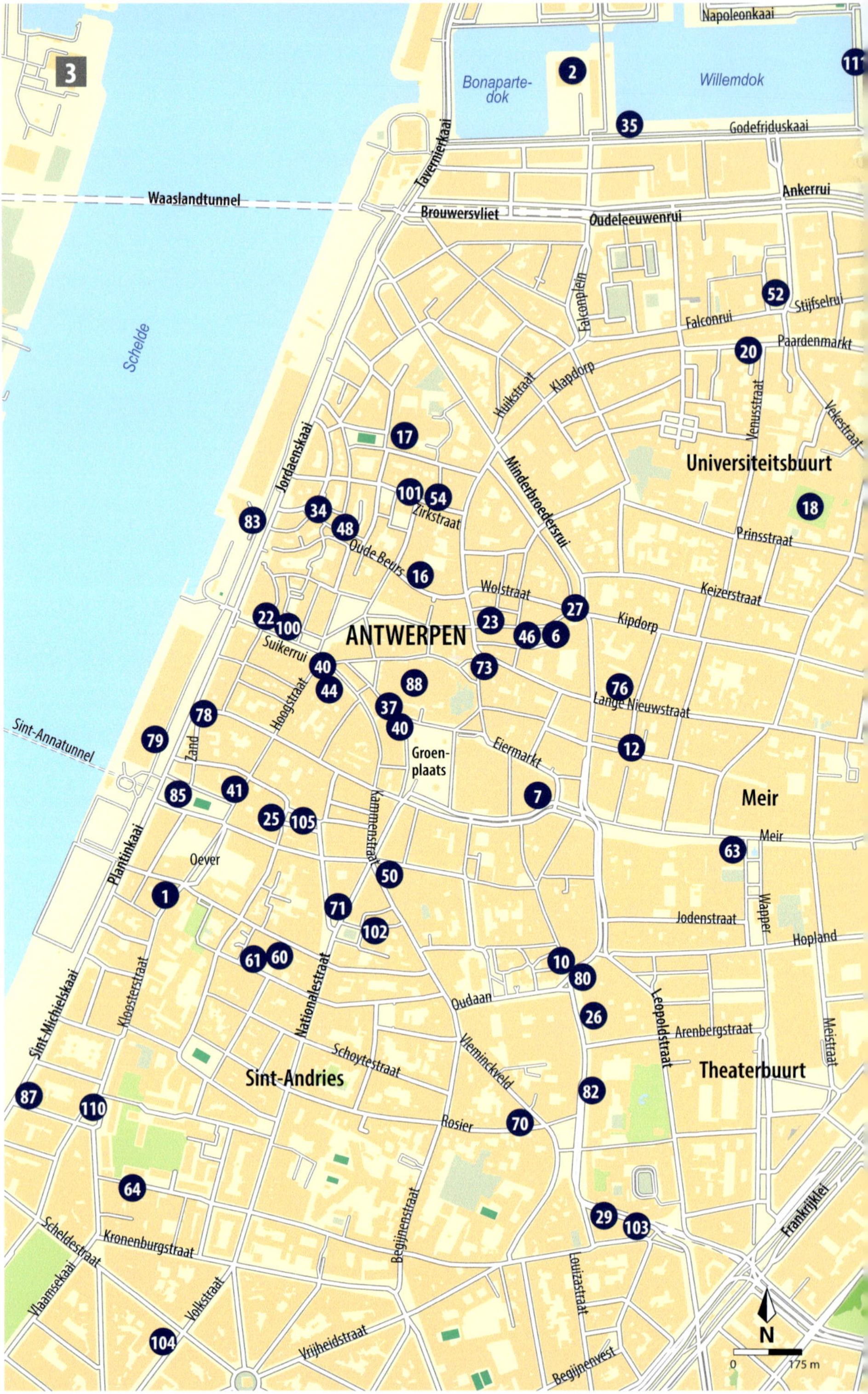

3
Napoleonkaai
Bonaparte-dok
Willemdok
Godefriduskaai
Tavernierkaai
Waaslandtunnel
Brouwersvliet
Oudeleeuwenrui
Ankerrui
Schelde
Falconplein
Falconrui
Stijfselrui
Paardenmarkt
Klapdorp
Huikstraat
Venusstraat
Vekestraat
Universiteitsbuurt
Jordaenskaai
Minderbroedersrui
Zirkstraat
Oude Beurs
Prinsstraat
Keizerstraat
Wolstraat
Kipdorp
ANTWERPEN
Suikerrui
Lange Nieuwstraat
Hoogstraat
Sint-Annatunnel
Zand
Groenplaats
Eiermarkt
Meir
Kammenstraat
Plantinkaai
Oever
Jodenstraat
Wapper
Hopland
Kloosterstraat
Nationalestraat
Oudaan
Leopoldstraat
Arenbergstraat
Meistraat
Sint-Michielskaai
Schoytestraat
Vleminckveld
Sint-Andries
Theaterbuurt
Rosier
Frankrijklei
Scheldestraat
Kronenburgstraat
Begijnenstraat
Louizastraat
Vlaamsekaai
Volkstraat
Vrijheidstraat
Begijnenvest
N
0
175 m

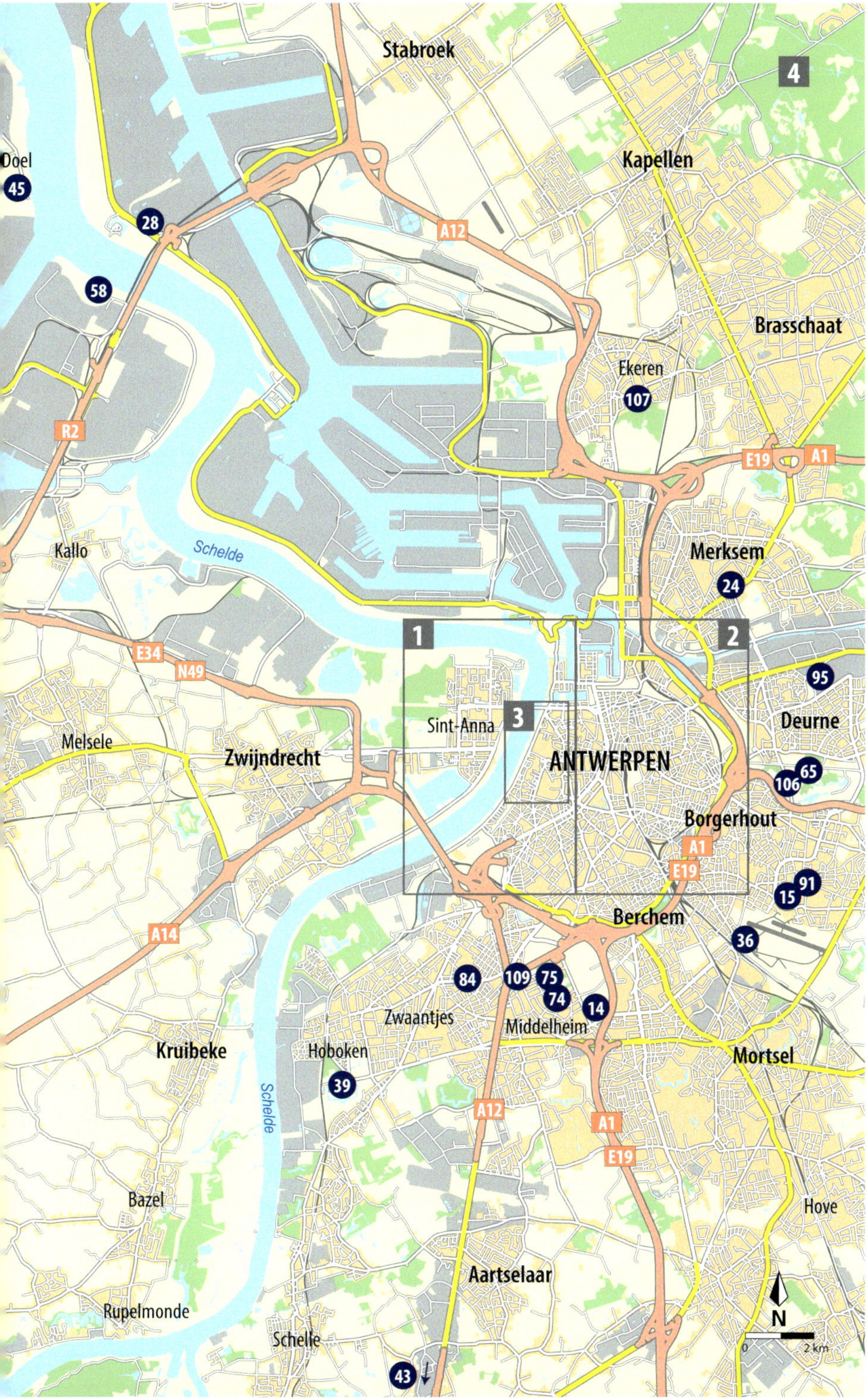
Stabroek
4
Doel
45
Kapellen
28
A12
58
Brasschaat
Ekeren
107
R2
E19
A1
Merksem
Schelde
Kallo
24
1
2
E34
N49
95
Sint-Anna
3
Deurne
Melsele
Zwijndrecht
ANTWERPEN
65
106
Borgerhout
A1
E19
91
15
Berchem
36
A14
84
109
75
74
14
Zwaantjes
Middelheim
Mortsel
Kruibeke
Hoboken
39
Schelde
A12
A1
E19
Hove
Bazel
Aartselaar
N
Rupelmonde
Schelle
0
2 km
43

Kay Walter
111 Orte in Brügge, die man gesehen haben muss
ISBN 978-3-7408-1712-1

Kay Walter, Rüdiger Liedtke
111 Orte in Brüssel, die man gesehen haben muss
ISBN 978-3-7408-0128-1

Thomas Fuchs
111 Orte in Amsterdam, die man gesehen haben muss
ISBN 978-3-7408-2322-1

Martin Roos
111 Orte in Zeeland, die man gesehen haben muss
ISBN 978-3-7408-1602-5

Thomas Fuchs
111 Orte in Nordholland, die man gesehen haben muss
ISBN 978-3-7408-0553-1

Joscha Remus
111 Orte in Luxemburg, die man gesehen haben muss
ISBN 978-3-7408-0363-6

Marcus X. Schmid
111 Orte in der Bretagne, die man gesehen haben muss
ISBN 978-3-7408-2262-0

Barbara Krull
111 Orte im Elsass, die man gesehen haben muss
ISBN 978-3-7408-2007-7

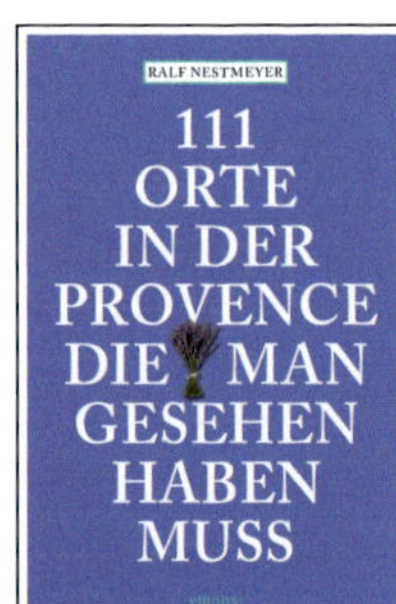

Ralf Nestmeyer
111 Orte in der Provence, die man gesehen haben muss
ISBN 978-3-7408-1960-6

Andreas Drouve
111 Orte am Jakobsweg, die man gesehen haben muss
ISBN 978-3-7408-1092-4

Marcus X. Schmid
111 Orte im Herzen des Jura, die man gesehen haben muss
ISBN 978-3-7408-1364-2

Kay Walter
111 Orte am Canal du Midi, die man gesehen haben muss
ISBN 978-3-7408-1086-3

Hilke Maunder
111 Orte in Toulouse, die man gesehen haben muss
ISBN 978-3-7408-1091-7

Martin Roos,
Jean-Claude Bourgueil
111 Orte in der Champagne, die man gesehen haben muss
ISBN 978-3-7408-1084-9

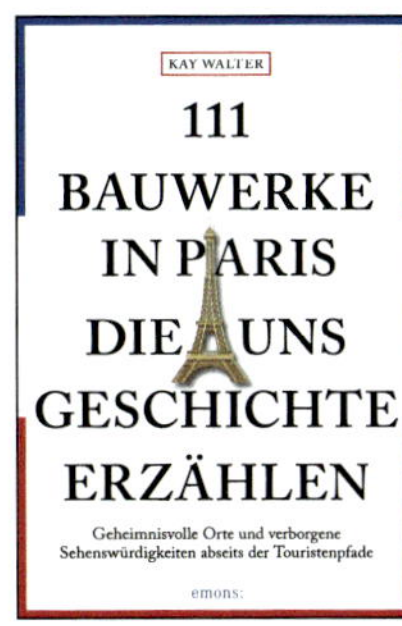

Kay Walter
111 Bauwerke in Paris, die uns Geschichte erzählen
ISBN 978-3-7408-0691-0

Jo Berlien
111 Orte in Straßburg, die man gesehen haben muss
ISBN 978-3-7408-0576-0

Evelyn Pschak
111 Orte in den Pyrenäen, die man gesehen haben muss
ISBN 978-3-7408-0562-3

Georg Renöckl
111 Orte in Nordfrankreich, die man gesehen haben muss
ISBN 978-3-7408-0559-3

Peter Eickhoff
111 Orte in Wien, die man gesehen haben muss
ISBN 978-3-7408-1975-0

Cornelia Lohs
111 Orte in Bern, die man gesehen haben muss
ISBN 978-3-7408-2000-8

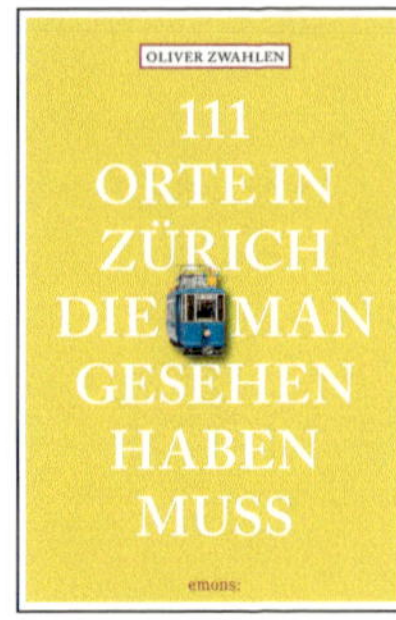

Oliver Zwahlen
111 Orte in Zürich, die man gesehen haben muss
ISBN 978-3-7408-1381-9

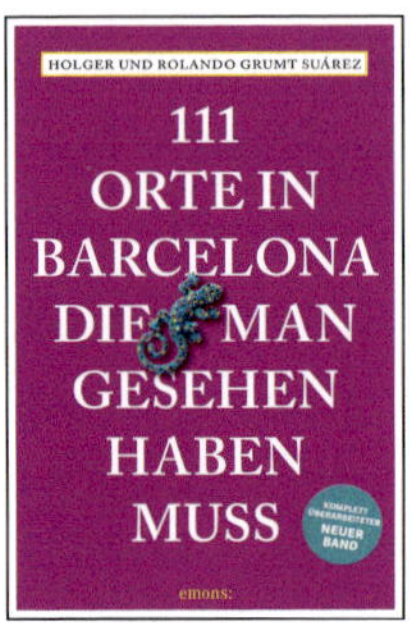

Rolando Grumt Suárez
111 Orte in Barcelona, die man gesehen haben muss
ISBN 978-3-7408-0994-2

Annett Klingner
111 Orte in Rom, die man gesehen haben muss
ISBN 978-3-7408-1628-5

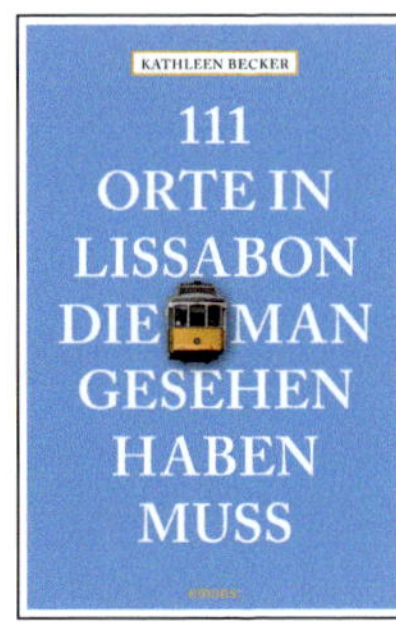

Kathleen Becker
111 Orte in Lissabon, die man gesehen haben muss
ISBN 978-3-7408-2323-8

Dorothee Fleischmann,
Carolina Kalvelage
111 Orte in Budapest, die man gesehen haben muss
ISBN 978-3-7408-2325-2

Rüdiger Liedtke
111 Orte auf Mallorca, die man gesehen haben muss
ISBN 978-3-7408-2239-2

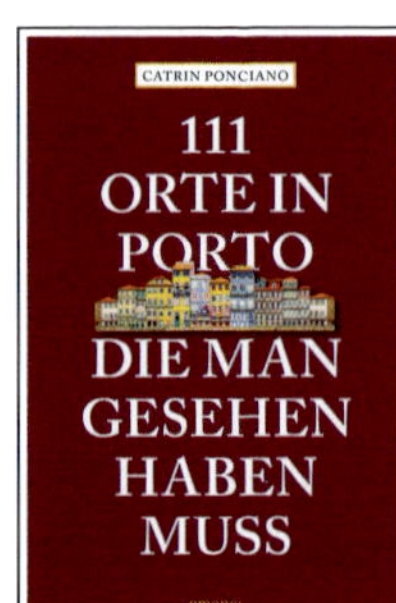

Catrin Ponciano
111 Orte in Porto, die man gesehen haben muss
ISBN 978-3-7408-1978-1

Gianni Montieri, Anna Toscano
111 Orte in Venedig, die man gesehen haben muss
ISBN 978-3-7408-1986-6

Jörg Dauscher
111 Orte in Danzig, die man gesehen haben muss
ISBN 978-3-7408-1572-1

Beate C. Kirchner
111 Orte in Florenz und im Norden der Toskana, die man gesehen haben muss
ISBN 978-3-7408-1630-8

Jeroen Kuiper
111 Orte in Warschau, die man gesehen haben muss
ISBN 978-3-7408-0978-2

Julia Csabai
111 Orte in Sofia, die man gesehen haben muss
ISBN 978-3-7408-0862-4

Lena Schraml
111 Orte in Krakau, die man gesehen haben muss
ISBN 978-3-7408-1087-0

John Sykes
111 Orte in London, die man gesehen haben muss
ISBN 978-3-7408-0970-6

Alexia Amvrazi, Diana Farr Louis, Diane Shugart
111 Orte in Athen, die man gesehen haben muss
ISBN 978-3-7408-0560-9

Tom Shields
111 Orte in Glasgow, die man gesehen haben muss
ISBN 978-3-7408-0386-5

Kay Walter ist politischer Journalist, Filmemacher und Medientrainer. Er hat viele Jahre über deutsche und internationale Politik aus Bonn, Berlin und Brüssel berichtet. Über Brüssel hat er ein Buch in der Erfolgsreihe »111 Orte« geschrieben. Außerdem sind Bände zum Canal du Midi, Paris und zu Brügge erschienen. Er lebt und arbeitet in Paris.